하늘을 품은 소년

장영실과 이천의 과학 이야기

하늘을 품은 소년

윤자명 글 · 허구 그림
전국초등사회교과모임 감수
서울대 뿌리깊은 역사나무 추천

오즈북

차례

엄마가 천하면 아들도 천한 법 6

젊은 대감의 이름 19

한양 간 촌놈 30

기억 속의 별 39

됫박, 저울, 자 48

명나라로 떠나다 65

조선의 하늘은 조선의 것 78

솜저고리 속에서 나온 종이 98

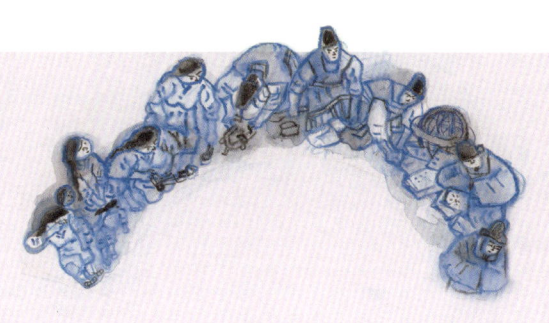

스스로 북 치고 저절로 종을 울려 111

푸른색 도포 124

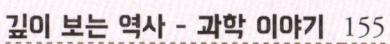

귀신도 못 만들 옥루 135

달과 별처럼 145

깊이 보는 역사 - 과학 이야기 155

작가의 말 164

참고한 책 166

엄마가 천하면
아들도 천한 법

"영실아, 어딨노? 뚱땅거리는 소리 나는 거 보이, 벌써 헛간에 있구나."
필구가 숨찬 소리로 영실네 초가집으로 들어섰다.
"형, 헛간이 아니고 공작소라니까."
영실은 자귀*로 나무토막을 다듬으며 큰 소리로 말했다.
"알았다. 지붕 끝에 담만 쳐 놓은 헛간을 뭐라 부른들, 양반들이 트집 잡을 것도 아이고……."
"헛간은 잡동사니나 쌓아 두지만 여긴 뭐든 만드는 곳이니까, 공작소가 맞지."
"아이고 인마, 니 잘났다. 근데, 매 맞은 종아리는 괜찮나? 걱정이 돼

---
* 손잡이가 달린 나무 깎는 연장.

가, 동헌˚ 마당 나오자마자 바람처럼 달려왔는데."

"역시 형밖에 없어! 처음 매 맞을 땐 아팠지만 이젠 종아리가 화끈대는 것쯤이야. 이렇게 뭘 만들고 있으면 잊어버려."

"잘못한 것도 없이 맞았으니 속 터지지. 영실이 너 엄마가 아시면 또 얼마나 가슴 아프시겠노?"

영실은 동래현 현령의 외아들 공부 시중을 맡고 있었다. 그 또래 노비들 중 영실이 의젓하고 영민하여 현령이 자기 아들 옆에 붙여 두었다. 유독 공부하기 싫어하는 도령을 지키는 일이었다.

도령은 책상 앞에 앉으면 졸거나 먹는 일뿐이었다. 배가 부르면 밖으로 나가고 싶어 안달인데, 오늘은 기어이 연을 날리러 나가고 말았다. 결국 도령을 말리지 못한 영실만 회초리 찜질을 당했다. 도령이 날린 방패연은 지난 설에 영실이 만들어 준 것인데다, 도령은 영실이 나가자고 했다며 거짓말을 했다. 영실은 변명할 기회도 없었다.

"어머니가 아시면 안 돼. 형네 어머니한테도 내가 맞은 건 비밀이야."

"이 형님을 어찌 보고? 내가 눈치는 백단이다."

탁 타르르. 그사이 영실은 동그랗게 다듬은 나무를 막대로 두드렸다.

"이건 또 뭣에 쓰는 물건이고?"

필구는 영실이 곁에 앉아 나무토막을 만졌다.

"형이 맞춰 봐."

"아! 알겠다. 목탁 맞지? 니 중이라도 될라 그러나? 우리 같은 관노들

---

* 지방 관아에서 고을 수령들이 정무를 집행하던 중심 건물.

은 어림없는 거 잘 알제?"

"금정산에서 도련님이 연줄을 잡고 달리다가 어떤 스님을 밀쳤어. 스님이 넘어질 때 목탁도 깨졌거든. 아마 몸도 다치셨을 거야."

"그래서, 니가 목탁을 만들어 드린다고? 지금 남 걱정할 형편이가? 하 참."

필구는 핀잔을 주면서도 웃었다. 못 말리겠다는 의미였다.

"대장간에서 일하는 게 더 좋겠어. 도련님이 내 말을 듣는 것도 아니고, 공부를 대신해 줄 수도 없는데, 나더러 어쩌라고, 정말!"

영실은 대장간 일보다 도령의 공부 시중이 편할 줄 알았다. 그런데 매까지 맞게 될 줄 몰랐다.

"우리야 뭐든 시키는 대로 해야 하는 신세인데 어쩌겠노? 대장장이 최씨 어르신도 니가 없으니, 일이 잘 안된다고 우리한테 신경질을 내신다."

"최씨는 하루도 날 혼내지 않으면 밥맛이 안 나는 분인데, 웬일이야?"

"그거야, 너를 위해서 그러신 거지. 술이라도 한잔하시면 영실이가 동래현의 보배라고, 입에 침이 마르게 칭찬하신다."

"정말이야? 기분 좋다."

탁탁 타르르. 영실은 거의 완성된 목탁을 두드렸다.

"니 같은 재주꾼은 경상도를 다 뒤져도 없다는 걸 아시니까. 아, 목탁 소리 조옷타!"

영실과 필구의 웃음소리가 오막살이 헛간을 환하게 했다.

며칠 후, 저녁에 영실은 금정산 암자를 찾아 나섰다.

눈에 익은 산길인데다 보름달이 환하게 비춰서 바위틈까지 달빛이 스며들었다. 금정산에는 유달리 기기묘묘한 바위들이 많았다. 황소가 누워 있는 것같이 펑퍼짐한 바위, 평상처럼 넓은 너럭바위, 일꾼 백 명을 먹일 만큼 큰 가마솥 바위를 지나자, 병풍바위가 나타났다. 병풍바위를 벽으로 삼아 지은 조그만 암자가 보였다. 암자는 달빛에 잠겨 고즈넉했다.

"저어, 스님 계세요?"

영실이 바위벽 사이에서 조심스레 물었다. 잠시 후 우렁우렁한 목소

리가 들렸다.

"늦은 시각에 땡추중을 찾아올 사람이 없는데, 누군가?"

조금 기다리자 스님이 모습을 드러냈다. 스님은 한쪽 발을 잘 딛지 못했다.

"스님, 다리를 많이 다치셨어요? 연 날리던 도련님 때문에…… 저는 도련님을 모시는 관노입니다. 걱정이 되어 왔습니다."

"허허, 철없는 도령이 보냈을 리는 없고, 일부러 찾아와 주다니 고맙구나. 잠시 들어오려무나."

영실은 스님을 따라 허리를 숙이고 바위 암자 안으로 들어갔다. 바위 벽면에는 부처님 모습이 새겨져 있고, 어른 서너 명이 앉을 만한 공간이 아늑했다. 한쪽 가장자리에는 책이 수북하게 쌓여 있었다.

영실은 메고 온 망태에서 목탁 두 개를 꺼냈다.

"아니, 이건?"

스님이 눈을 크게 뜨고 목탁을 집어 들었다.

"그날 도련님이 깨뜨려서…… 제가 만들었습니다. 마음에 드실지 모르겠습니다."

스님은 목탁을 하나씩 두드려 보았다. 눈을 반쯤 감고 소리를 듣던 스님 얼굴에 만족스러운 미소가 번졌다.

"음, 처음 것은 소리가 깊고, 나중 것은 소리가 맑구나."

"예, 스님. 그렇습니다."

"그럼, 일부러 소리가 달리 나도록 만들었단 말이냐?"

"스님께서 어떤 소리를 좋아하실지 몰라서, 두 종류로 만들어 보았습니다."

"그렇담, 만든 방법을 한번 들어 보자꾸나."

영실은 잘 마른 살구나무를 구한 것부터, 속을 얼마만큼 비우느냐에 따라 또는 목탁의 구멍을 어떻게 파느냐에 따라, 소리의 울림이 달라진다고 차근차근 말했다.

"호오! 놀랍구나. 보통 사람들이 미처 모르는 것을 알고 있구나. 네 이름이 무엇이냐?"

"장가 이옵고 영실입니다."

"장영실이라, 글도 아느냐?"

스님이 영실의 두 눈을 빤히 바라보며 대답을 기다렸다.

'눈빛이 맑고 총명해 보여. 특별한 기운이 느껴지는 아이야.'

"제 이름 석자와 도련님이 읽으시는 천자문을 어깨너머로 조금 알 뿐입니다."

"글공부를 하고 싶은 생각은 없느냐?"

뜻밖의 질문에 영실은 스님을 멀뚱히 바라보았다.

"글을 알아야 더 많은 세상 이치를 깨칠 수 있느니라. 공부를 해 보지 않겠느냐? 아니지. 저녁마다 나한테 오너라. 내가 글을 가르쳐 주마."

영실의 눈빛이 환해졌다가, 이내 처지를 깨닫고는 힘없이 대답했다.

"저는 동래현에 매인 몸인걸요. 글공부하는 대가를 치를 형편도 아니고요."

"몸만 관아에 매였지, 마음이 매인 건 아니지 않느냐? 대가는 적적한 나와 말동무를 해 주는 걸로 충분하단다."

스님이 오히려 초조해져서 영실의 대답을 재촉하고 있었다.

"정말요? 그래도 될까요?"

영실은 책 속에 담긴 지식이 궁금하거나, 알고 싶은 욕구가 꿈틀댈 때마다 애써 눌러 왔다. 어차피 노비 신분으로는 가당찮은 욕심이라는 걸 잘 알았다. 그런데 영실은 스님의 제안을 듣자 꼭꼭 눌러 왔던 속마음이 단번에 흔들렸다.

"되고말고. 몸은 힘들 테지만, 배우는 기쁨이 몇 배나 더 클 것이야."
"저는 맑은 날 저녁이면 별을 보러 산에 자주 오릅니다요."
"오, 그래. 잘됐구나. 별을 보고 땡추중도 보고 가려무나. 허허."
"고맙습니다, 스님. 참, 스님께서도 이름을 갖고 계시지요?"
"땡추중 대신 부르는 이름이 있지. '초은'이니라. 산속의 눈에 띄지 않는 풀이란 뜻이지."
"예, 초은 스님! 그럼 또 뵙겠습니다."
 영실은 바위암자를 나와 산을 내려왔다. 달은 하늘 복판에 둥실 떠 있었다.
 '달님! 나도 공부를 하게 됐어요!'
 보름달이 들뜬 영실의 얼굴을 환히 비췄다. 영실은 발이 땅에 닿지 않고 한 뼘쯤 둥둥 떠가는 기분이었다.

 영실은 도령에게 금정산의 스님이 많이 다쳤다고 부풀려서 말했다. 엉덩이를 들썩대는 도령을 책상에 앉혀 놓기 위해서였다. 밖으로 나가지 못하게 된 도령은 벼루에 갈아 둔 먹물이 말라붙도록 책상에 엎드려 졸았다.
 영실은 도령이 펼쳐 둔 책에서 아는 글자를 찾아 눈으로 읽었다. 한편으론 갑자기 현령이 들이닥칠까 조마조마했다. 현령은 아들의 글 읽는 소리를 듣고 싶어 걸핏하면 글방을 찾았다. 현령이 오면 자는 아들보다 영실이 먼저 혼이 날 테니, 도령을 깨워야 했다.

"현령 나리, 오십니다요!"

영실이 도령 귀에다 대고 외쳤다.

"아, 아버님! 소자는……."

도령이 눈은 감은 채로 몸을 벌떡 일으켰다.

"아버님은?"

"마, 막 나가셨어요."

"너, 거짓말 아냐? 거짓으로 놀린 거면 가만 안 둔다."

도령은 영실에게 주먹을 들이대면서도 근처에 아버지가 계실까, 두리번거리며 마당을 살폈다. 마침 필구가 잰걸음으로 마당을 가로질러 갔다.

"필구야, 이리 좀 오너라."

필구가 후다닥 뛰어와 글방 앞에 섰다.

"아버님은 어디 계시느냐?"

"저기, 바깥마당에 계십니다요. 소인 후딱 가 봐야 하는디."

필구가 몸을 돌리며 꽁지에 불붙은 시늉을 했다.

"아버님이 글방에 오셨다 간 게 맞아?"

영실이 빠르게 눈을 찡긋거리자, 필구가 바로 알아채고 둘러댔다.

"예. 여서 바깥마당으로 나가시대요."

도령의 얼굴이 하얘졌다.

"그럼, 내가 열심히 글공부하더라고 아버님께 전해 줘. 영실이 넌 나가서 아버님이 뭐라 하시는지 듣고 와."

영실이 필구를 뒤따라 바깥마당으로 나왔다.

필구만 바쁜 게 아니라, 오늘은 관아의 노비들은 물론 아전들까지 유난히 부산스러워 보였다. 필구를 본 현령이 느려 터진 놈이라고 역정부터 냈다.

"나리, 안채 부엌일은 제 어머니가 맡아서 준비를 마쳤다고 합니다요."

"알았으니, 얼른 동헌 밖까지 깨끗이 비질을 하거라."

필구는 현령의 말이 땅에 떨어지기 무섭게 먼지바람을 일으키며 내달렸다.

"형! 무슨 일이야? 현령 나리가 직접 나와서 일을 챙기시고?"

영실이 필구를 뒤쫓아 적삼 자락을 잡고 물었다.

"관아에 높은 양반이 오신다고, 내가 어젯밤 헛간 아니, 공작소에서 말 안 했나? 영실이 니야 글방에 앉아 있으니, 신선놀음이지만, 나는 몸이 몇 개라도 모자랄 판이다."

필구가 들창코를 들썩이며 숨 가쁘게 말했다.

"무슨 일로? 현령 나리 생신도 지났잖아?"

"지난번에 대마도 왜구를 무찌른 그 용감한, 하여튼 높은 대감이 순찰을 오신대. 관아 안팎이 아주 정신이 없구마는. 이러다 또 혼나겠다."

필구가 중문 안으로 내빼자, 영실은 서둘러 글방으로 달려갔다.

"현령 나리께선 손님맞이로 바쁘셔서 도련님 일은 잊으셨나 봅니다."

"와! 다행이다. 괜히 겁먹었네. 그럼, 오늘은 공부 안 해도 되겠다."

도령은 한껏 기지개를 켜더니 코를 킁킁댔다. 안채 쪽에서 풍겨 오는 음식 냄새를 용케 알고는 부엌에 가서 부침개를 가져오라고 채근했다.

마지못한 영실이 느릿느릿 안마당 쪽으로 발걸음을 옮겼다. 중문에서 싸리비를 든 필구와 마주쳤다.

"영실아, 어디 가노? 니 부르러 가던 참이다."

"부침개 얻으러, 부엌으로……."

"대장간부터 빨리 가 봐라. 최씨 어르신이 니를 급히 찾아오라 그랬다."

필구는 영실의 등짝을 바깥마당 쪽으로 밀어붙이고는 제 할 일을 하러 사라졌다.

젊은 대감의
이름

'무슨 일이지? 글방에 있은 뒤부터는 대장간 사정을 통 모르는데.'

영실은 어른들한테 불리어 가서 좋은 일이 없다는 걸 알기에, 걱정부터 앞섰다.

좀 전까지 북적대던 동헌 마당이 어째 조용하다 했더니, 동헌 밖 관아 옆에 있는 대장간 근처에 사람들이 몰려 있었다.

깃발을 든 군졸들이 보이고 현령을 비롯한 벼슬아치들이 죄다 모여 있었다. 영실은 필구가 말한 높은 대감이 당도한 모양이라고 짐작했다.

'양반들은 으레 동헌에서 인사를 하고 대접받는데, 대장간에는 왜?'

더구나 최씨 어르신이 찾는다니, 잘못한 게 없는데도 가슴이 쿵덕거렸다. 영실은 연신 고개를 갸웃대며 걸었다.

"이놈아! 한달음에 달려오지 않고?"

마주 오던 최씨가 억센 손아귀로 영실의 팔을 낚아챘다.

"왜 그러세요? 제가 뭘 잘못이라도?"

"빨리 가자. 너 하나 때문에 절제사 대감께서 기다리신다!"

영실은 영문도 모른 채 내달렸다.

"이놈입니다. 무기고 정리를 했던 영실이란 관노입니다요."

최씨가 목청껏 고했다.

대장간 주변에 있던 사람들이 일제히 영실을 돌아보았다. 그중에서 영실의 눈에 확 들어온 사람은 말 위에 앉은 무관 복장을 한 대감이었다. 영실을 본 대감이 말에서 훌쩍 내려 걸어왔다.

이마가 훤하고 눈, 코, 입이 뚜렷하게 생긴 젊은 대감이었다. 대감의 눈길이 영실에게 멈췄다.

"분명, 이 아이인가?"

젊은 대감이 최씨에게 물었다.

"예, 확실하다마다요."

최씨가 잔뜩 얼어서 고개를 조아리고는 불안한 눈길로 영실을 슬쩍 보았다.

'이놈아, 뭘 잘못해도 아주 단단히 일을 냈구나.'

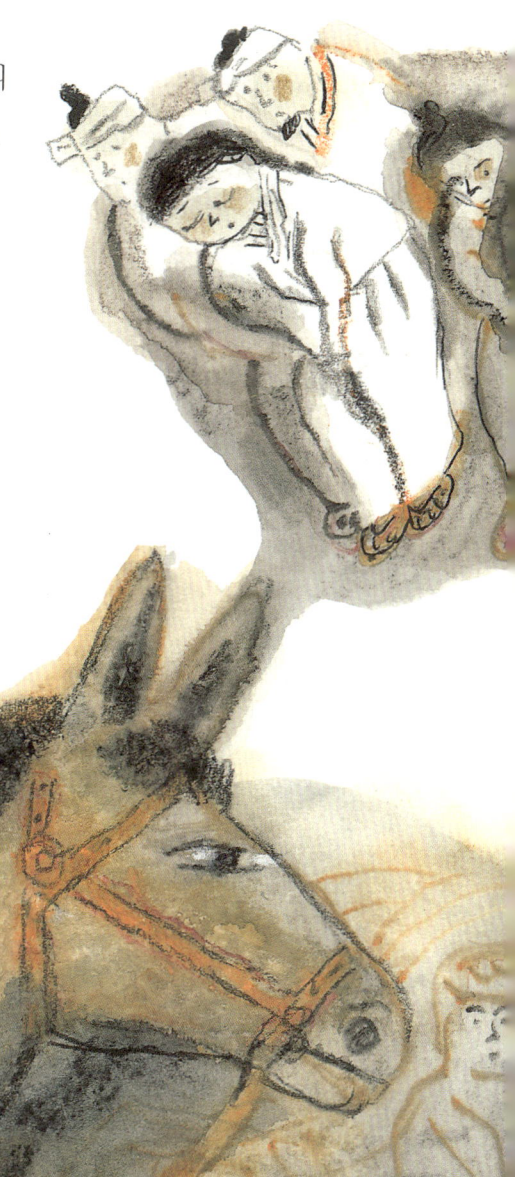

그렇게 말하는 눈빛이었다.

젊은 대감이 영실에게 따르라고 하더니 앞서서 병장기를 보관하는 창고로 걸음을 옮겼다.

"네가 이쪽에 병장기를 정리한 게 맞느냐?"

젊은 대감이 가리킨 쪽은 창과 화살촉을 쌓아 두는 곳이었다. 부드러운 목소리로 물었지만 영실은 온몸이 긴장되어 대답이 바로 나오지 않았다. 그러자 동래현 현령이 잔뜩 위엄 있는 목소리로 다그쳤다.

"수군 본영을 감찰하러 오신 경상해도 절제사 대감이시다. 묻는 말에 명확하게 답을 올려라."

"예. 여기 쌓아 둔 화살촉과 창은 작년에 제가 정리를 했사옵니다. 위로는 열두 줄, 아래로는 열다섯 줄로 숫자까지 알고 있습니다."

영실이 목소리에 힘을 모아 대답했다. 주변에 모여 있는 대장간 일꾼들이며 관아 벼슬아치들이 영문을 몰라 숨을 죽인 탓에, 영실의 목소리는 더욱 크게 들렸다. 영실은 젊은 대감의 다음 질문을 기다렸다.

"음, 유독 네가 정리한 병장기에는 녹이 슬지 않았기에 그 연유가 궁금해서 너를 불렀다."

뜻밖에도 젊은 대감은 겁을 주거나 무섭게 대하지 않았다. 마음이 놓인 영실은 차분하게 말을 이었다.

"이곳 동래는 바닷가라 공기 중에 염분이 많습니다. 쇠는 공기와 염분에 닿지 않아야 녹이 덜 습니다. 땅의 습기도 마찬가지로 쇠를 녹슬게 하기에 땅바닥에는 숯을 깔았습니다."

영실은 화살촉을 한 줄씩 쌓고 기름종이를 구해서 사이에 덮은 것까지 자신이 한 대로 기억나는 대로 말했다.

영실의 이야기에 귀를 기울이던 젊은 대감은 연신 고개를 끄덕이더니, 영실에게 가까이 다가왔다.

"기특하게도 쇠의 성질을 잘 아는구나. 동래는 조선의 대문 같은 곳이다. 언제 왜구가 쳐들어올지 모르니, 무기는 항상 정비되어 있어야 한다. 너를 보니 마음이 든든하구나."

젊은 대감이 영실을 칭찬하니, 그제야 여기저기서 안도하는 소리가 들렸다.

언제 왔는지, 먼발치서 초조하게 지켜보던 필구도 그제야 오지랖 넓은 티를 냈다.

"영실이는 아는 것도 많습니다요. 셈도 잘하고, 뭐든 한 번 본 것은 고대로 만들어 내고요. 영실이가 만든 호미나 괭이는 일이 훨씬 잘됩니다요."

눈치를 보던 최씨도 용기를 냈다.

"장영실은 대장간에 없으면 안 되는 재주꾼입지요."

"그래, 네 이름이 장영실이냐?"

"예."

"어리지만 남다른 면이 있구나. 앞으로도 지혜로운 생각을 많이 해내길 바란다."

영실은 난생처음 더구나 한양에서 온 양반에게서 칭찬을 들으니, 가슴이 뿌듯하게 차올랐다. 영실은 자신을 바라보던 젊은 대감의 강하고도 따뜻한 눈빛을 잊을 수 없었다. 대견스러워하던 그 표정까지 마음에 깊이 남았다.

 젊은 대감은 열흘쯤 동래에 머물렀다. 수군영의 군선 만드는 곳을 살피고, 성벽도 둘러 본 후에 떠났다. 영실은 젊은 대감의 이름이 '이천'이라는 걸 듣고는 그 이름을 머릿속에 새겼다. 난생처음 사람대접을 해 준 양반이었다.
 영실은 이천 대감의 칭찬을 들은 후로 다시 대장간 일을 시작했다. 최 씨와 다른 일꾼들이 이전처럼 영실을 함부로 부리지는 않았지만, 대장간 허드렛일은 몸이 고단했다. 하지만 영실은 도령의 공부방보다 대장간이 더 좋았다. 몸이 파김치가 되어도 초은 스님한테 달려가서 이야기를 나누다 보면, 다른 세상에 온 듯이 즐거웠다. 날마다 샘물처럼 의욕이 솟아나는 게 신기할 뿐이었다.
 공부는 하면 할수록 더 갈증이 났다. 한 가지를 알고 나면 궁금한 것이 열 가지로 늘어나 있었다. 바위암자에 있는 많은 책이 영실의 호기심을 자극했다. 영실은 그만큼 초은 스님을 더 자주 찾게 되었다.

 "영실아, 글을 웬만큼 깨쳤으니 이 책을 좀 읽어 보겠느냐?"
 초은 스님이 내놓은 낡은 책들은 그동안 읽고 외우던 책과는 달랐다. 앞장을 들춰 보던 영실의 눈이 빛났다. 책에는 글과 함께 그림이나 기호

들이 적혀 있었다.

"스님, 처음 보는 책인데도 궁금증이 확 일어납니다. 지금까지 읽던 공자왈 맹자왈 하는 글공부하곤 전혀 다르게 보입니다."

"허허, 너의 열정이 참으로 대단하구나. 너는 사물의 속성과 이치에 관심이 많으니 이 책도 금방 습득할 것이다."

영실은 깨닫는 속도가 빠르고 사물에 대한 궁금증이 유별났다. 초은 스님은 솔가지에 붙은 불길처럼 열의가 타오르는 영실을 볼 때마다 기뻤다. 초은 스님은 가르치는 보람을 느낄수록 더욱 다양한 공부를 시켰다.

"스님, 이건 산법에 대한 책이고, 이 책은 천문이나 과학에 관한 것 같습니다. 사실 저는 공자님 말씀보다는 계산하고 물상과 현상을 살피는 공부가 더 좋습니다."

"그래. 공자나 맹자님의 학문은 과거 볼 사람들이 눈 빠지게 파고 있으니, 누군가는 사물에 대해 궁리하는 공부도 해야지."

"그 누군가가, 바로 스님이시군요?"

"이젠 아니란다. 당장 필요한 목탁도 못 만드는 재주 없는 나보다는, 너한테 요긴한 책이지."

영실은 초은 스님의 말이 자신을 위한 책이란 뜻으로 들렸다. 그 말에 영실은 눈앞이 뿌옇게 흐려지고 말았다.

천한 노비가 공부에 관심이라니, 지나가는 개도 웃겠다고 모든 사람이 비웃어 댔는데, 초은 스님의 말 한마디는 영실을 감동시키고도 남았다.

정말이지, 이런 귀한 책은 누가 지었을까. 영실은 노비인 자신에게 깨달음을 주는 초은 스님은 물론이고 책을 지은 누군가에게 절이라도 올리고 싶은 심정이었다.

영실은 초은 스님을 만나고부터, 이 세상에 존재하는 만물들이 전부 의미 있게 느껴졌다. 눈에 보이는 것들마다 새롭게 다가왔다. 책 속에서 알아낸 이치를 공작소에서 밤새워 가며 실제로 만들어 보는 일도 갈수

록 재미있었다.

영실은 책을 보느라, 무엇을 만드느라, 밤을 새우는 날이 점점 많아졌다.

"와, 헛간을 공작소라 부르더니만, 날마다 뭘 만드노? 도대체 뭣에 쓰는 물건인지 암만 봐도 모르겠다."

필구는 영실의 공작소에 올 때마다 눈만 끔벅거리기 일쑤였다.

"형, 그건 풀무야. 쇠는 성질에 따라 녹는 온도가 다른데, 아주 센 불을 일으킬 때, 이 풀무가 필요해."

영실의 설명을 듣고, 필구는 나무로 만든 부채가 나란히 붙은 연장의 손잡이를 돌려 보았다.

"형, 내일 이놈을 어찌 사용하는지 대장간에서 직접 봐봐."

"영실아, 암자에 밤공부 댕긴 덕이냐? 어찌 쇠가 녹는 온도에다 성질까지도 그리 잘 알고 있노? 쇠가 말을 해 주는 것도 아닌데. 나는 아직 가볍고 무거운 쇠도 알기 어려운데 말이다."

"형도 나랑 같이 공부 다니면 참 좋을 텐데……."

"나는, 글공부는 생각만 해도 골치부터 아프다. 근데, 책에는 참말로 세상 온갖 지혜가 다 들어 있냐? 내가 요새 너무 어려운 문제가 한 가지 생겨서 그러는데……."

필구가 심각한 얼굴로 영실을 쳐다보았다.

"형, 양반들 속내도 책에서 가르쳐 주냐고 하더니, 또 그런 문제 아냐?"

"잘못 짚었다. 겉과 속이 다른 양반들 속내 알아봤자 뭐할 거고? 내가 진짜 알고 싶은 문제는 책에도 안 나올 거 같다. 휴우!"

"형, 뭔데 한숨까지 쉬고 그래. 속 시원히 말해 봐. 책에 없는 문제는 초은 스님께 여쭤 봐 줄게."

"스님은 절대로 모를 문제라서, 이리 답답한 거다."

"스님도 모를 정도로 어려운 문제라면, 도대체 뭐야?"

영실도 덩달아 심각해졌다.

"저어, 순심이라고 알제? 우리 관아에 건어물 대 주는 초량 상인의 딸 말이다. 니가 보기에도 참하고 착해 보이제?"

"응, 알고말고. 요새 아버지가 아프다던가? 그래서 순심이 누나가 관아로 심부름 온다며. 근데 왜?"

"순심이 마음을 잘 몰라서 내가 마, 미칠 지경이다. 나를 좋아하는 것 같다가, 영 아니다 싶은 게. 도통 알 수가 없으니 이 형님 속만 새카맣게 타고 있다."

"에이, 뭔 일인가 했더니. 순심이 누나에게 형이 직접 물어보면 간단하잖아?"

"대 놓고 물어볼 게 따로 있지!"

"그럼, 내가 형 대신 물어봐 줄게. 형이 순심이 누나 좋아서 속 탄다는 말까지. 크크."

"야! 그랬다간 산통 다 깨진다. 모른 척해야 돼. 알았제?"

필구는 손가락을 입술에 꾹 붙이며 무섭게 입단속을 시켰다.

"아, 알았어, 형. 모른 척할게."

영실은 요사이 필구가 자주 신경질을 내고 멍하게 있다가 어른들한테 혼이 나 걱정스러웠는데, 그 이유가 순심이 때문인 걸 알자 피식 웃음이 났다. 순심은 관노가 아니고 상인의 딸이라 필구가 아무리 좋아해도 혼사를 맺기는 어려웠다. 영실은 필구에게 그런 말은 할 수 없었다. 필구도 그 점을 잘 알고 있을 테니까, 그래서 더욱 속이 탈 것이다.

한양 간
촌놈

날이 갈수록 영실은 몸이 서너 개쯤 되어야 할 만큼 바빠졌다.

새로 부임한 동래현 현령은 영실에게 대장간 일을 거의 맡겼다. 대마도를 마주 보는 동래 바닷가에는 언제 왜구가 침입할지 모르는 조선의 첫 싸움터라 방위가 중요하다고 했다.

거기다 장영실이란 관노가 백 가지 물건을 만들고, 고친다는 소문이 경상도를 넘어 전라도까지 퍼졌다.

"영실아, 눈이 토끼처럼 빨간 걸 보이, 어젯밤에도 못 잤구나. 인자 책도 그만 보고, 세상 만물 이치 같은 거 캐지 마라. 관노는 할 줄 아는 게 많을수록 몸만 고달픈 법이다. 그러니까 구포 나루에 세곡선* 수리하는 데까지 불리 댕기잖아."

---

* 한강을 오가며 각 지방의 쌀과 면포를 싣고 오는 배.

필구는 영실이 힘든 게 안타까웠다.

"전라감영에서도 영실이를 며칠만 보내 달라고 통문을 보내왔다더라. 현령 나리께서 동래 수군영에 일이 많아서 안 된다고 거절했으니 망정이지. 가면 몸살이나 얻어 오지, 원. 그렇다고 품삯을 따로 받는 것도 아니고."

최씨도 필구 못지않게 영실을 안쓰러워했다.

"네가 관에 매인 노비만 아니라면, 손재주 하나로 밥은 안 굶고 잘살 텐데 쯧쯧."

"어르신, 풀무 세차게 돌려야 되죠? 온도 한껏 높일게요."

"그래, 내가 또 쓸데없는 말을 지껄였구나."

영실의 솜씨를 두고 안타까워하거나, 시기하는 말에 영실은 아무 대답도 하지 않는 게 차라리 편했다. 말을 덧붙여 봤자 자칫 마음만 다치기 일쑤였다.

영실이 쇳물을 녹이는 아궁이 앞에서 팔이 얼얼하도록 풀무를 돌린 후 땀을 닦을 때였다.

"장영실이! 거기 있느냐?"

이방 어른이 짧은 다리로 종종걸음을 치며 대장간으로 들어섰다.

"이방 나리가 웬일이십니까?"

최씨가 얼른 나서서 허리를 굽혔다.

"자네 말고, 영실이가 어디 있냐고?"

"예, 소인 여기 있습니다요."

 영실이 얼른 일어나 인사를 했다. 필구도 영실이 뒤로 와서 이방 어른의 입을 쳐다봤다.
 "현령 나리께서 속히 들라 이르셨다. 따라오너라."
 이방이 앞서 동헌으로 향했다. 영실은 재빨리 함지박에 있는 물로 세수를 하고는, 옷에 묻은 먼지를 털며 이방을 뒤따랐다. 영실은 가다가 돌아서더니 필구에게 손짓을 했다. 아궁이에 불을 보라는 손짓을 알아들은 필구가 걱정 붙들어 매라고 손사래를 쳤다. 영실은 멀리서 봐도 키가 훤칠하고 얼굴이 환해 사람들의 눈길을 끌었다. 저잣거리에 나서면 노비인 줄 모를 정도로 잘생겼다.
 '저 인물에 저 재주에, 종놈으로 살긴 아까운 녀석인

데······.'

최씨는 이방을 뒤따르는 영실을 바라보다 혼잣말로 중얼거렸다.

"예? 제, 제가 한양으로요?"

영실은 현령의 말을 잘못 들었나 싶어, 저도 모르게 고개를 번쩍 들고 되물었다.

"저런, 한창 젊은 놈이 귀가 먹은 것도 아닐 테고. 쯧."

이방이 끼어들어 핀잔을 놓았다.

"주상 전하께서 전국 방방곡곡의 재능 가진 자들은 전부 한양으로 올려 보내라는 교서를 내리셨다. 신분의 귀천은 상관없이 재주만 있으면 천거해 올리라는구나. 당장 떠날 채비를 하여라."

현령의 말을 제대로 듣고 나서야 영실의 가슴이 마구 뛰기 시작했다.

"그럼, 얼마 동안이나 한양에 있게 되는지요?"

"정한 바가 없으니, 모르겠구나."

영실은 동헌을 어떻게 물러 나왔는지 몰랐다. 그길로 집으로 와 공작소를 정리했다. 만들고 있던 물건들도 두고 갈 것과 가져갈 것으로 나눠 챙겼다.

저녁이 되기 무섭게 필구가 헐레벌떡 쫓아왔다.

"여, 영실아! 전라도가 아니고 한양까지 간다는 게 참말이가?"

"응. 현령 나리께서 당장 올라가라고 하시네. 나도 아직은 꿈인가 싶은 게, 안 믿겨."

"어쨌든, 임금님이 사시는 한양으로 가니 출세한 기다. 근데 가면 언제쯤 오노?"

"언제 올지는 현령 나리도 모른다고 하셨어. 어머니를 두고 떠나는 게 마음에 걸려."

"그럼, 우리도 영 못 보게 되는 거 아이가?"

"형……."

영실은 입술을 깨물었다.

"그래도 니가, 재주꾼이라 뽑혀 가는 거잖아. 좋은 일인데, 울지 마라.

어무이 걱정도 말고, 이 형이 있잖아."

 필구가 영실이 등을 토닥였다.

 "고마워, 형만 믿어. 참, 이건 형 주려고 만든 거야."

 영실이 나무통에서 구리 비녀를 꺼내 필구 손에 쥐여 줬다.

 "와! 이쁘다. 순심이 주라고 만든 거 맞제? 순심이도 내한테 맘을 조금 열었는데, 이 비녀를 주면서 혼인하자고 해야겠다."

 "금비녀나 은비녀는 아니지만, 그래도 구리에 어렵게 구한 은실로 무늬를 넣었어. 이 세상에 단 하나 뿐인 비녀야."

 "이야, 이래 특별한 비녀는 첨 본다. 은실 줄기 끝에 꽃봉오리도 맺혔네. 순심이도 엄청 좋아할 기다. 고맙다, 영실아!"

"내가 더 고맙지, 형."

필구가 소매로 눈가를 닦았다.

눈 깜짝할 사이에 며칠이 지나갔다.

영실은 떠나기 전날에야 바위암자로 올라갔다. 아무 대가도 없이 많은 지식과 지혜를 가르쳐 준 스승에게 작별 인사를 드리기 위해서였다. 영실은 산길을 걸으며 그동안 정이 든 금정산의 바위들과도 마음으로 작별 인사를 했다.

"초은 스님! 제가 왔습니다."

바위암자가 보이자 영실은 큰 소리로 스님을 부르며 달려갔다. 저녁이면 홍시처럼 매달려 있던 초롱불이 보이지 않았다.

"스님! 초은 스님!"

영실이 어두컴컴한 암자에 소리쳤지만 인기척이 없었다. 안으로 뛰어 들어간 영실은 깨끗이 치워진 방 안에서 종이 한 장을 발견했다. 스님이 남긴 편지였다.

부디, 너의 재능을 더욱 갈고 닦아서
많은 사람들을 위해 쓰기 바란다.
-초은

영실은 스님을 만나지 못해 아쉬웠다. 스님 대신 편지를 앞에 놓고 인사를 올렸다. 왠지, 스님을 다시는 못 볼 것 같은 예감에 눈물이 두 볼을 타고 흘렀다.

'걸핏하면 엉뚱한 질문을 해대서 스님을 엄청 성가시게 했어요. 눈에 보이지 않는 이치를 따져 보다가 막힐 때면 짜증을 부렸고요. 스님의 은혜는 잊지 않을 것입니다. 한양에 가면 초은 스님께 배운 것들을 널리 쓰이게 하겠습니다. 제가 깨친 이치를 백배로 더 연구해서 많은 사람들의 수고를 덜어 주도록 노력할 것입니다. 사람들을 편하게 하고 없으면 안 될 기물도 제 손으로 만들어 내겠습니다. 초은 스님! 어디서든 건강하게 계셔요.'

어머니와 필구는 동래 읍성 밖까지 따라오며 영실을 배웅했다.
"부디 몸조심하고, 한양에서 네 재주를 맘껏 펼쳐 보아라. 이 어미 걱정은 조금도 하지 말고……."
어머니가 기어이 참았던 눈물을 치맛자락으로 닦아 냈다.
"영실아, 한양 가서도 열심히 재주를 닦아서, 높은 양반들 눈에 들어야 한다. 여기 어머니 걱정은 쪼금도 하지 말고, 알았제?"
필구가 영실의 등을 밀었다.
영실은 몇 번이나 뒤를 돌아보았다. 어서 가라고, 어머니와 필구가 손을 흔들었다.

기억 속의
별

한양은 넓디넓은 길에 사람과 우마차로 미어지는 것부터 달랐다.

궐문 앞에는 관청의 큰 전각들이 양쪽으로 줄지어 있었다. 영실이 일할 상의원이란 관청은 궐 안에 있는 내각사* 중의 하나였다.

상의원은 궁궐이나 왕실에 필요한 모든 걸 만드는 곳이었다. 상의원에는 이미 전국에서 모여든 장인들로 가득했다. 그들의 기술이 얼마나 뛰어날지, 영실은 궁금하고 기대가 컸다. 한양에 와 보니 세상은 넓고 사람도 많다는 걸 실감했다. 미처 몰랐던 실력자들과 함께 배우며 일할 생각에 가슴이 설렜다.

그러나 영실이 한양으로 불려 올라왔다고 해서 노비 신분이 바뀐 건 아니었다. 동래현에서처럼 대놓고 아비 없는 후레자식이라느니, 천한

* 궁궐 안에 있던 여러 관아.

출생 어찌고 하진 않았다. 그렇지만 주변에서 은근히 상것이라고 깔아 보는 무시는 더하면 더했지, 조금도 나아진 게 없었다.

"경상도 촌구석에서나 알아준 솜씨겠지. 조선 최고의 장인들 앞에서 뭘 하겠나."

처음 보는 자리에서 영실이 동래현에서 왔다고 인사를 하니, 등 뒤에서 수근거린 말이었다.

영실의 할 일은 허드렛일과 심부름이었다. 중인 신분만 되어도 어깨를 쭉 펴고 다니는데, 영실과 같은 노비의 처지는 오나가나 주눅이 들었다.

상의원 생활에 조금씩 익숙해지면서 영실은 어떤 말을 들어도 귓등으로 넘겼다. 그저 자신의 손길이 닿은 물건이 어디서든 유용하게 쓰인다면 그것으로 됐다고 생각했다. 그렇게 마음을 먹으니 한결 속이 편하고, 일에 더 집중이 되었다.

차츰 영실이 손만 대면 뭐든 고치고 만든다는 말이

퍼져 나갔다. 아무리 희한하게 생긴 물건이라도 한 번만 보면 만들어 내고, 고장 난 물건 역시 영실이 도맡아 고쳐 냈다.

"거기, 영실이. 일산을 고쳐야겠어."

영실을 부를 때는 대부분 어려운 일이 생겼을 때였다.

"이것이 무엇입니까?"

영실이 늙수그레한 장인 앞에 놓인 물건을 의아하게 보며 물었다. 동래에서 필구가 영실이 만든 물건을 보고 묻던 모습 그대로였다.

"아니, 뭔 용도에 쓰이는지도 모르는 귀물을 어찌 이자가 고치길 바라시오?"

옆의 안자장*이 나서서 빈정대는 투로 말했다.

"그러니, 맡겨 보는 것 아닌가. 흐흠."

---
* 마소 위에 얹는 안장이나 마구를 제작하는 장인.

"괜히 일을 그르치면 뒷감당을 어찌 하시려고?"

두 장인들이 주고받는 말은 아랑곳하지 않고, 영실은 벌써 물건의 쓰임새를 파악하고 어떻게 고치면 더 좋을까 궁리에 여념이 없었다.

"전하께서 행차하실 때 햇살을 가리는 일산인데, 자신 있느냐?"

"해 보겠습니다. 그런데 언제까지 끝내야 하는지요?"

"일산은 다른 것도 있으니 천천히 잘 고쳐서 일직 나리께 전하면 되느니라."

영실은 모두가 퇴근한 후에 남아 일산을 면밀히 분석하며 고쳤다. 그러다가 어느새 자신만의 방법으로 일산 만들기에 빠져들었다.

상의원 분위기가 여느 날과 달랐다. 벼슬아치들

인 정랑*이나 좌랑들이 아랫사람들을 연신 다그쳤다. 헛기침 소리가 들리거나 말거나 영실은 하던 일에 열중했다.

"공조 참판 대감 납시오!"

앞자리 장인들이 일제히 일어나 허리를 굽혔다. 공조 참판은 상의원을 거느리는 수장 격이었다. 영실도 얼른 흐트러진 옷매무새를 바로하고 다른 일꾼들처럼 고개를 조아렸다.

"참판 나리, 어서 오십시오."

"수고들 많으시네. 전하의 일산을 상의원에서 만

---

* 조선 시대에, 육조에 둔 정오품 벼슬.

든 게 틀림없는가?"

"예, 그러하옵니다만?"

맨 앞에 선 정랑이 대답했다.

"누가 만들었는지 알고 싶어 등청하자마자 이리로 왔네."

"저, 경상도서 올라온 궁노가 만들었사온데…….'

안자장의 목소리가 조금 떨렸다. 공조 참판이 이른 시간에 몸소 찾아왔으니, 뭔가 사단이 난 것이라 지레 짐작한 모양이었다.

몇 사람의 시선이 영실에게 쏟아졌다. 영실은 지체하지 않고 한 걸음 앞으로 나섰다.

"소인이 전하의 일산을 만들었사옵니다."

공조 참판은 옆의 시종이 들고 온 일산을 받아 들었다.

"네가 만든 게 분명하렷다."

우렁우렁한 목소리에 영실은 고개를 더욱 깊이 숙이며 힘주어 대답했다. 앞자리 장인들과 일꾼들은 옆 사람들과 눈짓을 주고받으며 소리 죽여 웅성거렸다.

"틀림없사옵니다."

"아주 뛰어난 솜씨를 가졌구나. 고개를 들어 보아라."

영실이 안도하는 숨소리를 감추고 고개를 들었다.

"아니? 너, 넌 동래의 장영실?"

"이, 이천 대감님!"

이천 대감과 영실이 동시에 놀라며 서로를 알아보았다.

"워낙 특출 난 솜씨라 내 바쁜 중에도 걸음을 했더니. 역시 자네였네 그려."

"소인을 잊지 않으셨군요."

"잊다니? 동래현에서 처음 본 너는 내 기억 속에 별처럼 박혀 있지. 하하."

이천 대감이 호탕하게 웃으며 영실의 손을 덥석 잡았다.

여기저기에서 놀란 시선들이 영실을 힐끔거렸다. 그중에는 참판에게 꾸중을 듣거나 불려 나가 볼기짝이라도 맞기를 바랐다가 그만 실망하는 눈초리도 섞여 있었다.

"일산은 해만 가릴 뿐 아니라, 전하의 권위를 높이는 기물이다. 하여, 권위를 중시하다 보면 무거워져서 탈이고, 가벼워선 바람을 견디지 못하는 문제점을 안고 있었다. 그런데 영실이 두 가지 모두를 해결하였구나."

"최선을 다했을 뿐이옵니다."

"전하께서도 만족해하셨다."

이천 대감이 간 뒤에도 영실의 귀에는 '너는 내 기억 속에 별처럼 박혀 있다'는 목소리가 메아리처럼 울렸다. 그 말은 때때로 영실의 축 처진 어깨를 추슬러 주고 마음을 환하게 밝혀 주었다.

날이 갈수록 영실이 하는 일은 많아졌다.

"천한 놈이 손재주 하나는 정말 타고 났구나. 이 말안장도 좀 가볍고 견고하게 고칠 수 있겠느냐? 먼 길을 가도 말이 지치지 않고, 타고 가는 사람도 편하도록 말이야."

 안자장뿐만이 아니었다. 나막신을 만드는 목혜장도, 왕실 여인들이 애용하는 노리개와 은장도를 만드는 장인들도 영실을 불러 댔다. 너도 나도 쉽게 일을 시켰으나 칭찬은 좀체 하지 않았다. 칭찬은커녕 흠이나 찾으려 했다.

 영실은 주변 사람들이 뭐라 하던 마음에 담지 않았다. 여러 가지 물건을 제 손으로 만들어 내는 보람과 성취감이 훨씬 더 중요했기 때문이었다.

 가끔 이천 대감이 영실의 일하는 모습을 먼발치에서 보고 갔다. 그런 날은 영실의 온몸에 기운이 솟았다. 자신의 노력과 열정을 알아주는 한 사람이 있다는 사실에 밤낮을 잊고 일에 매달렸다.

 이천 대감이 불러 마주 앉아 이야기를 나눌 기회도 생겼다. 영실은 이천 대감도 격물을 중요하게 생각한다는 사실에 놀랐다.

 "난 일찍이 과학서를 두루 읽어 이론은 꽤 유식하다만, 이론만큼 손재능은 따르질 못하지. 이제 영실이 내 곁에 있으니, 뭐든 해낼 것 같구나. 허허."

 영실은 이천 대감의 말이 한없이 반가웠다.

 "격물을 장려해야 새롭고 유익한 물건이 탄생될 터이다. 우리가 조선의 백성에게 이로운 물건을 창조해서 잘사는 조선을 앞당겨 보자. 영실이 내 기대를 이뤄 줄 것으로 믿는다."

 이천 대감이 이렇게 말하며 영실의 어깨를 두드려 준 날, 영실은 잠을 이루지 못했다. 마치 영실의 속을 열고 들여다본 것 같았기 때문이었다.

'그래, 지금껏 세상에 없는 그러나 없어서는 안 될 물건, 사람들을 이롭게 하는 새 과학 기물을 만들자. 이천 대감님뿐 아니라, 지금의 임금님도 격물을 높이 여기신다니, 이 두 손으로 뭐든 이룰 것이야!'

수백 명이 자신을 힘들게 한다 해도, 인정해 주고 믿어 주는 한 사람, 이천 대감이 있어 영실은 아무것도 두렵지 않았다. 한양에 올라온 건, 큰 행운이라고 생각했다.

됫박, 저울, 자

영실은 늘 종종걸음을 쳤다. 상의원 일도 넘치는데 선공감*이나 서운관에서까지 불러 대니 바짓가랑이에 바람이 일었다.

다른 장인들은 허드렛일 맡기는 일꾼을 몇 명이나 두고 있었지만, 영실에겐 잔심부름 해 줄 아이조차 없었다. 상의원에서 필요한 여러 가지 재료도 영실이 구하러 다녔다. 시전**을 뒤지며 이것저것 구할 때도 발품팔이처럼 빠른 걸음을 쳤다.

여름에 쓸 베를 끊으러 포목전에 들렀을 때였다. 먼저 온 손님이 있어 영실은 잠시 기다렸다. 한창 흥정을 하는 중인가 했더니, 손님과 주인이 실랑이를 벌이고 있었다.

---

* 조선 시대에, 공조에 딸려 토목과 영선에 대한 일을 맡아보던 관아.
** 조선 시대에, 지금의 종로를 중심으로 설치한 상설 시장.

"다른 포목전과 똑같이 다섯 자를 샀는데. 세상에! 서방님 저고리를 짓다 보니 소매 한 짝이 모자랐다고요. 눈 뜨고도 코 베인다더니, 시전에서 이런 수작을 부려요?"

젊은 아낙이 바느질을 하다 만 저고리를 들고서 주인 눈앞에 흔들어 보였다. 오른쪽 소매가 달리지 않은 저고리였다.

"아니, 자로 옷감 잴 때 눈 동그랗게 뜨고 봤으면서! 이제와 뭔 뒷소리여."

"적반하장도 유분수지!"

바득바득 대들던 젊은 아낙이 주인이 들고 있던 자를 빼앗아 들여다 봤다.

"아니! 굽은 자에다 눈금까지 희미한 것이, 자가 왜 이리 짤막해요?"

젊은 아낙은 손바닥을 쫙 펴서 자를 뼘으로 재었다.

"뭔 짓이여, 자를 뼘으로 재서 어쩌겠다는 거여."

"다른 포목전 자는 내 손으로 두 뼘하고도 두 마디인데, 이 자는 어째 두 뼘도 안 되는가 말예요? 짧은 자로 쟀으니까, 옷감이 모자랐지. 빨리, 소매 만들 옷감을 더 내놔요!"

젊은 아낙은 두 팔을 걷어 부치고 악을 써 댔다.

"돈을 더 내지 않으면 베를 한 치도 못 줘!"

주인은 펼쳐진 옷감들을 후루룩 되감아 치우고는 어디 해볼 테면 해보라는 태도였다. 싸움은 쉬이 끝날 것 같지 않았다.

영실은 말리지도 못하고 슬그머니 가게를 나왔다. 번듯한 시전 골목

을 벗어나 길 가장자리를 차지한 난전으로 향했다. 상의원에서 쓸 콩기름을 짜려면 콩도 사야 했다. 마침 노랗게 잘 여문 콩을 한 자루 지고 온 노인이 맷방석에다 됫박으로 콩을 퍼내고 있었다. 노인 옆에는 어느새 장사꾼이 붙어서 됫박을 세고 있었다.

"둘, 셋, 넉 되구먼."
"넉 되라니? 집에선 분명히 닷 되도 넘게 담아 왔는디?"
"같이 보고도 딴소리하시기는? 집에서 되질을 잘못한 모양이오."
"그럴 리가 없구먼. 두 번이나 되질을 해 봤다고유."
"그럼, 여기서도 되질을 두 번 해 봅시다."
장사꾼이 맷방석의 콩을 한 되, 두 되, 큰 소리로 외치며 되질을 했다.

"넉 되가 틀림없지요?"
"분명히 닷 되를 가져왔는디? 넉 되라면. 못 팔지."
노인은 콩 자루를 틀어쥐고 다시 지게에다 얹었다.
그러자, 장사꾼이 아까와는 달리 시비조로 말했다.

"이봐요. 그럼 내가 속이기라도 했다는 거요, 뭐요?"
"그렇잖으면? 자루가 찢어져 흘린 것도 아닌디?"
"노망난 노인네구먼."
"뭣이라? 장사치가 함부로 지껄이는구먼!"
아차 하면 멱살잡이를 할 판이었다.
보다 못한 영실이 두 사람 사이로 끼어들었다.
"자, 잠깐만요. 서로 나쁘게 탓할 일은 아닌 것 같습니다. 잠시 그 됫박 좀 보여 주실 수 있겠습니까?"
"실컷 보슈. 됫박이 됫박이지, 원."
영실이 됫박을 들고 노인한테 보여 주며 물었다.
"어르신 댁의 됫박도 이것과 똑같습니까?"
"글쎄유, 됫박이 됫박이것쥬."
"혹시 저자에서 쓰는 됫박과 집에 있는 됫박이 다른 것은 아닐까요?"
영실이 장사꾼과 노인을 번갈아 보며

물었다.

"오래전부터 쓰던 낡은 됫박이유."

"나도 이 됫박으로 장사한 지가 십 년이 넘었소."

두 사람은 별걸 다 묻는다는 투로 심드렁하게 대답했다.

영실은 됫박을 눈으로 꼼꼼히 재어 봤다. 콩 살 생각은 잊고 다른 가게에 있는 됫박도 하나하나 살펴봤다. 됫박뿐 아니라, 저울도 눈여겨봤다. 그동안 저잣거리에서 옥신각신하는 다툼은 그저 흥정하느라 그러려니 넘겼는데, 길이와 부피가 서로 달라서 일어난 일인 줄은 몰랐다.

영실은 시장에 갈 때보다 더 바쁘게 궐내로 돌아왔다. 퇴청 시간이라 상의원은 휑했다. 영실은 내친걸음에 바로 이천 대감 댁을 찾아갔다.

"어! 자네가 예까지 어쩐 일인가? 상의원 공방에 틀어박혀 있는 줄 알았는데."

이천 대감은 뜻밖에 나타난 영실을 무척 반가워했다.

"긴히 의논드릴 일이 있어……."

"자, 저녁은 먹고 들어도 되지 않겠나? 안으로 들어가세."

이천 대감은 서둘러 영실을 사랑방으로 이끌었.

밥상을 물리고 차까지 내온 뒤에야 대감은 영실을 마주 보며 궁금한 얼굴을 했다. 일에 쫓기는 영실에게 느긋하게 저녁을 먹게 하려는 배려가 숨어 있었다.

"오늘 시전에 나갔다가 우연히 됫박과 저울, 자가 제각각 다른 것을 알았습니다."

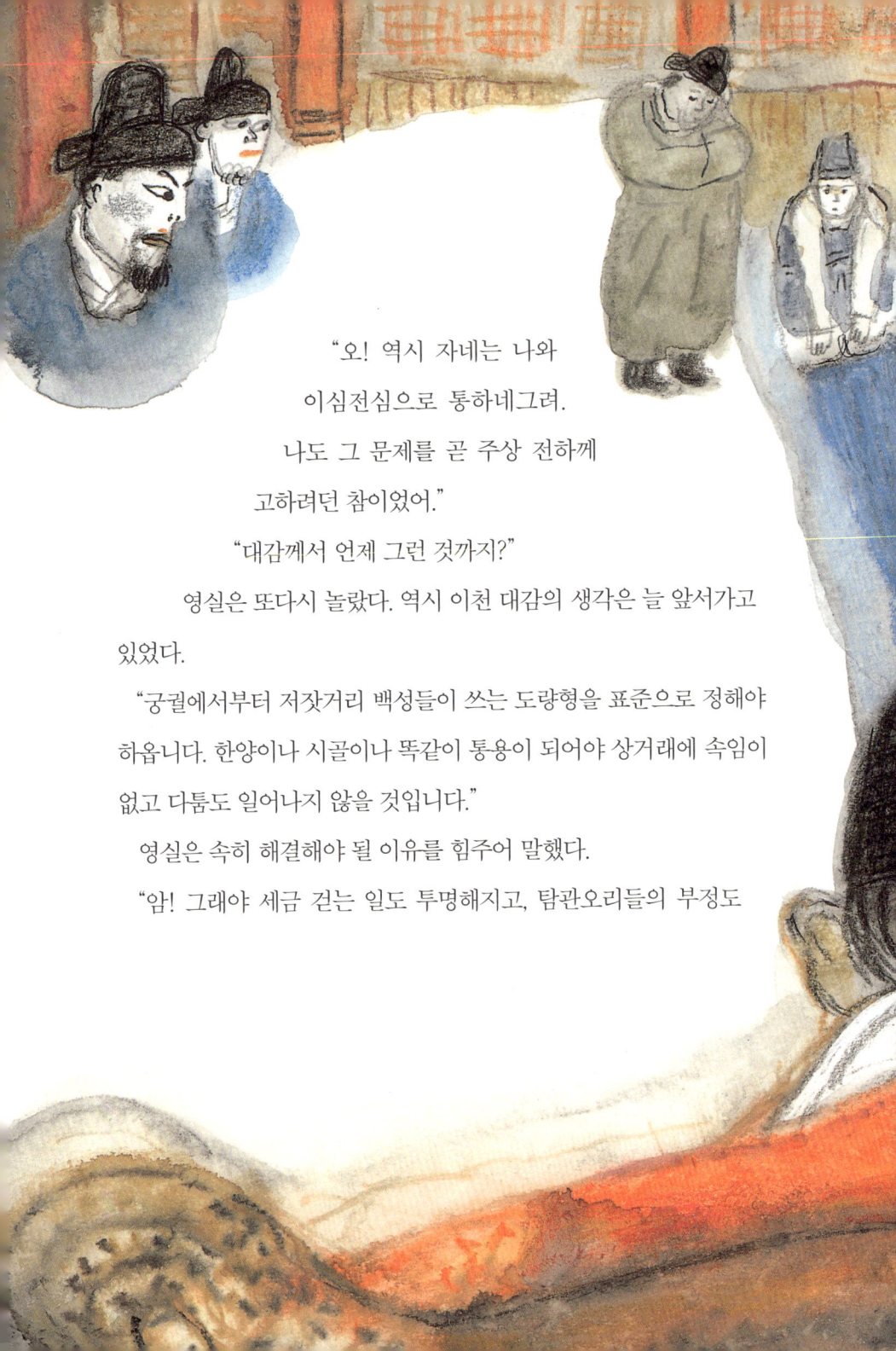

"오! 역시 자네는 나와 이심전심으로 통하네그려. 나도 그 문제를 곧 주상 전하께 고하려던 참이었어."

"대감께서 언제 그런 것까지?"

영실은 또다시 놀랐다. 역시 이천 대감의 생각은 늘 앞서가고 있었다.

"궁궐에서부터 저잣거리 백성들이 쓰는 도량형을 표준으로 정해야 하옵니다. 한양이나 시골이나 똑같이 통용이 되어야 상거래에 속임이 없고 다툼도 일어나지 않을 것입니다."

영실은 속히 해결해야 될 이유를 힘주어 말했다.

"암! 그래야 세금 걷는 일도 투명해지고, 탐관오리들의 부정도

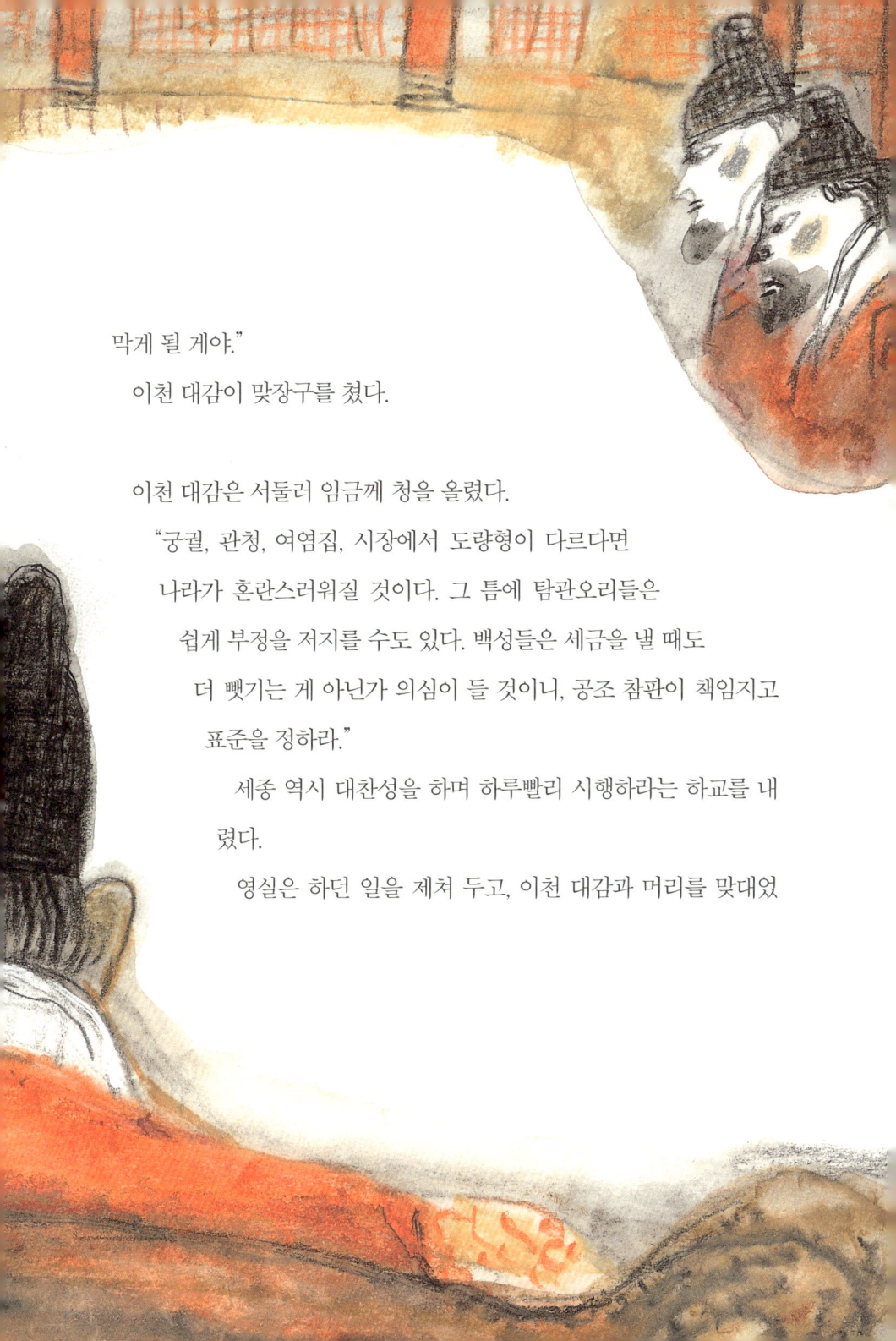

막게 될 게야."

이천 대감이 맞장구를 쳤다.

이천 대감은 서둘러 임금께 청을 올렸다.

"궁궐, 관청, 여염집, 시장에서 도량형이 다르다면 나라가 혼란스러워질 것이다. 그 틈에 탐관오리들은 쉽게 부정을 저지를 수도 있다. 백성들은 세금을 낼 때도 더 뺏기는 게 아닌가 의심이 들 것이니, 공조 참판이 책임지고 표준을 정하라."

세종 역시 대찬성을 하며 하루빨리 시행하라는 하교를 내렸다.

영실은 하던 일을 제쳐 두고, 이천 대감과 머리를 맞대었다. 고대의 것을 참고로 하되 조선 실정에 맞게 길이, 무게, 부피의 표준을 정해야 했다. 곡식 중에 기장 낟알을 기본으로 하여 열 알, 백 알을 단위로 길이를 정했고, 황종관*을 채운 기장 천이백 알이 담기는 그릇을 부피의 기준으로 삼았다.

이천 대감의 빈틈없는 이론과 영실의 지혜가 합해져 순풍에 돛 단 듯, 도량형 기기들이 하나둘 만들어졌다. 나라에서는 새로 만든 됫박과 저울, 자를 싼값으로 널리 백성들에게 공급했다. 온 나라가 통일된 도구로 거래를 하게 되었다.

영실의 뛰어난 일솜씨와 명석한 지혜는 세종의 귀에도 전해졌다. 어느 날, 대전 내관이 영실에게 어명을 전하러 왔다. 영실은 깜짝 놀랐다. 임금께서 일부러 부르다니, 혹시 무슨 실수라도 했나, 걱정이 되기도 했다.

두근대는 가슴을 진정하고 영실은 내관을 따라 대전으로 향했다. 그러자 시샘과 시기의 말들이 무성하게 영실의 등을 때렸다.

"이천 대감이 오냐오냐 해 준 것도 모자라, 주상 전하까지 천출을 대전으로 부르시다니, 이러다 반상의 질서가 무너지는 게 아닌가?"

"아무리 재주가 뛰어나도 천한 노비일 뿐이야."

영실이 대전에 당도하니 이천 대감도 미리 와 있었다. 멀찍이 용상에

---

* 조선 세종 때, 중국계 아악을 정리하기 위하여 음률의 기본인 십이율을 정하는 척도로서 만들어 쓴, 대나무·구리 따위의 관.

앉은 임금의 모습을 대하자, 영실은 한겨울 사시나무처럼 떨렸다. 동래현의 노비였던 자신이 한양의 궁궐로 와서는, 조선의 왕을 만난다는 사실이 믿기지 않았다. 영실은 꿈만 같아 한 손으로 다리를 꼬집어 보았다. 악 소리가 나오게 아팠다.

"이번에 도량형을 개량할 때, 너의 공이 크다 들었다."

임금의 음성이 따뜻하게 들렸지만 영실은 온몸이 와들와들 떨렸다.

"장영실은 손재주만 뛰어난 것이 아니라, 산법과 천문에도 상당한 식견을 지녔사옵니다."

이천 대감이 허리를 굽히며 말했다.

"이미 능력을 짐작하고 있으니, 장영실은 편하게 고개를 들라."

떨리는 가슴을 진정시키며 영실은 겨우 고개를 들었다. 임금의 음성이 영실의 마음을 둥둥 울렸다.

"너의 능력을 조선의 만백성을 위해 써 주기 바란다."

"성은이 망극하옵니다. 전하!"

영실은 다시 엎드리며 고개를 조아렸다.

"장영실은 비록 지위가 천하나, 재주가 민첩한 것은 따를 자가 없다. 이제 명나라에 가서 각종 천문 기기들을 두루 익히고 돌아와 조선의 과학 기기를 새로이 만들라."

상상도 못한 어명이 떨어지자, 영실은 울컥 눈앞이 흐려지고 앞이 하나도 보이지 않았다.

"전하의 분부를 받잡아 시행하겠나이다."

영실은 떨리는 목소리를 가다듬어 대답했다.

세종은 이천 대감과 명나라의 천문 기술 수준이며, 조선의 형편에 대해 여러 가지 의논을 했다.

"황공하옵니다."

이천 대감과 함께 인사를 드리고는 후들거리는 다리로 간신히 대전을 나왔다.

'대국, 명나라에 가서 문물을 공부해 오라니, 이게 정녕 꿈은 아니겠지?'

"자네 어깨에 전하의 소망이 실려 있다는 걸 잊지 말아야 하네."

이천 대감이 영실의 어깨를 두드려 주었다.

영실은 명나라에 갈 준비까지 하느라, 여기저기 뛰어다녔다.

함께 떠날 사행단의 일행을 만나서 준비할 것을 물어보았다. 다른 준비보다 제일 급한 일은 명나라의 말을 배우는 것이었다.

영실은 사역원으로 역관을 찾아갔다.

"이번 사행길에 동행할 장영실이라 합니다. 급히 명나라 말을 배워야 해서 부탁을 드리러 왔습니다."

영실은 나이가 비슷해 보이는 역관을 붙잡고 사정을 말했다.

"천한 노비한테까지 말을 가르칠 여유는 없네."

역관은 한마디로 싹둑 잘라 거절했다. 역관은 양반도 아닌 중인 신분이면서 영실을 천대하는 눈치가 역력했다.

맥이 빠진 채로 터덜터덜 걷던 영실은 발걸음이 저절로 이천 대감에게 향했다.

"원, 역관까지 그리 유세를 떨다니, 쯧. 그리 실망할 거 없네. 자네에겐 영리한 두뇌가 있지 않는가. 우선 이 책으로 말공부를 해 보게."

이천 대감이 서가에서 책을 찾아다 주었다.

"『노걸대』? 이건 명나라 말을 대화체로 엮은 책이 아닙니까?"

"역관들도 이 책으로 공부를 한다네. 떠날 날이 얼마 남지 않았으나, 열심히 하면 문제없을 걸세."

역시 이천 대감은 걱정을 시원하게 해결해 주었다.

영실은 명나라 말을 익히느라, 밤을 낮 삼아 지새웠다. 혼자 열심히 중얼거리고 외워도 막히는 부분이 많았다. 노력을 암만 해도 말하기 공부를 혼자하기란 한계가 있었다.

영실은 일부러 마포 나루에 심부름을 하러 나섰다. 명나라 말을 직접 시험해 볼 작정이었다. 나루터에서는 장사 다니는 명나라 사람을 만날 수 있었다. 영실은 약초 파는 상인에게 책에서 배운 명나라 말로 질문을 해 보았다.

"조선 인삼을 많이 구했소?"

"조금밖에 못 구했소."

상인이 명나라 말을 알아듣고 대답을 하는 게 아닌가! 영실도 상인의 대답이 귀에 쏙 들어왔다. 영실은 자신감이 생겨 이것저것 묻고 답하다 보니, 명나라 약재를 많이 사게 되었다. 먼 길을 가자면 필요했지만, 말

을 주고받는 재미에 이것저것 산 것이었다.

큰 걱정거리였던 명나라 말을 어느 정도 익히고, 한시름 놓고 있을 때였다. 또 다른 일이 불거졌다.

궁궐의 소문이란 쥐나 새가 듣고 옮기는 수준이 아니었다. 쏜살같이 빠르게 퍼졌다. 상의원 노비를 임금님이 뽑아 명나라로 유학 보낸다는 소식은 귀 있는 사람이라면 다 알게 되었다.

이럴 때면, 어김없이 따라붙는 꼬리표가 노비 주제에, 라는 말이었다. 천한 신분에 잘나 봤자…… 하는 말꼬리는 영실이 작은 잘못을 했거나, 반대로 뛰어난 성과를 냈을 때도 꼭 붙었다.

이번에는 몇 사람이 쑥덕거리다 제풀에 사라지고 마는 게 아니었다.

"어허, 이천 대감과 전하의 눈에는 어찌 천노 장영실 밖에 보이지 않는단 말인가? 편애가 지나치단 말씀이오."

"암요. 기술을 갈고 닦은 재주꾼들이 도처에 깔렸고, 탁월한 유생들이 줄을 서서 기다리는 판인데 장영실에게만 기회를 주는 건 공정하지 않은 일이지요."

상의원은 물론 공조에 속한 관리들이 무리지어 불만을 터뜨렸다. 결국엔 조정 대신들 사이에도 원성이 불거져 나왔다. 조정은 갈수록 반대 소리로 시끄러워졌다.

세종은 날마다 부당하다고만 아뢰는 신하들을 향해 입을 열었다.

"장영실뿐 아니라 누구든지 능력이 있다면, 과인이 명나라 유학은 물론이고 기꺼이 상도 내릴 것이오."

대신들은 서로 눈치만 살피기에 바빴다.
"서운관 관리 이순지를 들라 하라."
이순지는 조선에서 천문과 과학, 산법에 능통한 학자였다.

세종은 어전에 도착한 이순지에게 명을 내렸다.

"명나라 유학을 떠나고 싶거나, 나라에 공을 세워 보고 싶은 자들 모두에게 과제를 내주시오."

"분부대로 시행하겠사옵니다."

"모두 들으시오. 이순지가 낸 설계도에 맞는 기물을 만들어 내는 자는 과인이 말한 대로 상급을 내릴 것이니 그리 아시오."

명나라로 떠날 날을 코앞에 두고 벌어진 일이었다. 이순지가 낸 설계도 시험은 누구나 참가할 수 있었다. 기한은 사흘이 주어졌다.

설계도는 산법의 기초를 알고 천문학과 과학을 공부한 사람이어야 이해할 수 있었다. 그래야만 설계도대로 기물을 만들 수 있었다. 물론 영실도 똑같이 시험을 봐야 했다.

영실은 한양에 오기 전, 금정산 초은 스님의 암자에서 읽었던 책들이 생각났다. 그때의 공부가 이렇게 중요하게 쓰일 줄은 몰랐다. 마치 이런 시험을 대비해 예비 공부를 한 것 같았다.

먼저 북극성의 고도를 계산해 내야 했고, 그다음 설계도대로 북극성을 관찰하는 기구를 만드는 과제였다.

영실은 문제를 푸는 내내 마음속으로 몇 번이나 초은 스님께 감사 인사를 드렸다. 초은 스님을 떠올리니 어제인 듯, 스님의 목소리가 생생하게 영실의 귀에 들렸다.

'사람의 마음에는 적든 많든 시기와 질투는 있기 마련이지. 시기 질투가 무조건 나쁜 건 아니란다. 적당한 질투심이 인간 세상을 발전시키는

원동력이 되기도 하니까. 그러나 한편으로 사람을 파멸시키는 것도 질투란다.'

영실은 초은 스님의 말씀을 다시 새겼다. 그러자 주변의 시기와 질투를 담담하게 받아들일 마음의 여유가 생겼다.

사흘 뒤 시험 결과가 나왔다. 이순지를 비롯한 네 명의 시험관이 채점한 시험지와 만들어 낸 기구를 놓고 공개적으로 합격자를 가려냈다.

시험에 참가한 사람들 대부분은 산법 공부가 부족해 설계도를 제대로 해석하지 못했다. 산법을 완전히 익혀야 설계도대로 계산을 할 수 있었다. 계산이 틀리면 정확한 기물은 만들 수 없었다.

"장영실이 으뜸으로 합격입니다. 그다음 버금가는 사람이 두 명입니다."

이순지 대감이 최종 발표를 했다. 북소리를 크게 울려 모두에게 합격 사실을 알렸다.

영실보다 더 기쁜 사람은 이천 대감이었다. 이천 대감은 벌레 씹은 얼굴이 된 반대파 대신들을 흡족한 표정으로 바라보았다.

영실의 유학 반대 소동은, 오히려 영실의 능력만 확실하게 돋보이는 결과를 낳았다. 더 이상 뒷말이 나오지 않았다.

명나라로
떠나다

 겨울을 재촉하는 차가운 북풍이 불어오던 날, 영실은 명나라로 길을 떠났다.
 사행단은 떠나기 전에 대전에서 하직 인사를 드리는 예를 올렸다. 예식 행사를 마치고 나올 때, 세종은 영실을 따로 불러 당부를 특별히 내렸다.
 "『조력학산』을 비롯해서 각종 천문 서책을 사들여 오고, 흠경각의 혼천의 도식을 견양* 하여 가져오라."
 어느 때보다 간곡한 어조로 당부했다. 세종이 영실을 얼마나 믿고 기대하는지 증명하는 분부였다. 뿐만 아니라 따로 의복과 신발을 하사했으며, 은자와 청심환까지 넉넉히 챙겨 주었다.

* 모양을 봄.

"타국에서 요긴하게 쓰일 것이야. 뭐든 부족하면 귀국하는 사신 편에 기별하라. 다음 사행 때 보낼 것이다."

"전하의 말씀을 명심하겠사옵니다."

영실은 세종의 기대와 믿음을 마음 깊숙이 간직했다. 그 말이 영실의 가슴을 뜨겁게 달구고 뛰게 했다.

한양을 떠난 행렬은 끝이 보이지 않을 만큼 길었다. 정사 윤사웅 대감을 비롯해서 부사, 서장관, 통역관, 의원을 포함해 마부, 음식을 담당하는 사람까지 합하면 칠십 명이 넘었다. 그중에는 노비들도 상당수 있었다. 거기다 무역하는 상인들도 한 무리가 뒤따랐다. 조선의 인삼, 황모필, 종이 등의 특산물을 팔아서 명나라 물건으로 사오는 무역상들이었다. 관리들을 제외하고는 모두가 제 힘껏 짐을 지고 가야 했다.

한양에서 북경까지는 삼천리가 넘는 멀고 험한 길이었다. 강을 건너

고 노숙을 하면서 걷고 또 걸었다. 의주를 벗어난 다음부터는 길이 더욱 험했다.

　노숙을 할 때면 장막을 쳐야 하는데 벌판의 맞바람에 장막치기가 어려웠다. 영실은 거센 바람에도 끄떡없도록 장막을 설치했다. 허드렛일을 담당하는 노비들이 영실에게 감춰 두었던 곶감까지 꺼내 주며 고마워했다. 여독에 지친 사람들은 베로 둘러친 추운 장막 안에서도 골아 떨어졌다.

　한밤중에는 짐승이나 마적 떼를 막기 위해 호위꾼들이 불침번을 섰다. 영실은 화톳불을 피우는 불 당번을 자청했다. 밤을 새우며 불빛에 의지해 명나라 말을 외웠다.

　화톳불도 사그러질 즈음. 누군가 소피를 보러 나오나 싶었는데, 영실에게 다가왔다.

"무슨 책을 그리 열심히 보나?"

불빛에 비친 얼굴은 얼마 전 영실에게 말을 가르쳐 주지 않겠다고 무시하던 역관이었다.

"명나라 말을 연습하고 있었습니다."

역관은 영실이 펼쳐든 책을 들여다보더니 짐짓 놀라며 물었다.

"아니,『노걸대』를 혼자서 공부한 것이냐?"

"가르쳐 주실 역관이 없으니 혼자 했습지요. 하하."

영실은 역관이 고깝게 들을까 웃으며 말했다.

"어디 한번 들어 볼까. 실력이 어느 정도인지?"

역관이 얼굴에 미안한 기색을 띠며 영실의 맞은편 나무토막에 걸터앉았다.

"아직 서툽니다. 많이 가르쳐 주십시오."

"그럼, 명나라 말로 말을 걸어 보게."

역관이 흔쾌한 표정으로 영실의 입을 쳐다보았다.

"대인, 이 책 말고 다른 책을 보여 주시오."

영실의 명나라 말에 역관이 유창하게 받아쳤다.

"보아하니 선비도 아닌데, 책은 뭣하러 찾으시오?"

"아! 천한 사람은 책을 보면 안 된다는 국법이라도 있소? 노비는 과거를 안 봐도 되니, 공부가 더 잘됩니다. 아무 책이나 맘대로 보니 지혜를 다양하게 쌓을 수 있고요."

영실은 약간 더듬거렸지만 감정까지 살려서 길게 말을 이었다.

"아니, 이렇게 어려운 말까지 하다니 하고 싶은 말을 다하는 수준 아닌가?"

역관이 놀란 눈으로 영실을 보았다.

"과찬이십니다."

영실이 머쓱하게 조선말로 답했다.

"내 자네를 다시 보게 되었네. 이전에는 참으로 미안했네."

역관은 어느새 영실에게 반말 대신 중간 높임말로 대우해 주었다.

"전 역관 나리를 이해했는걸요."

"고맙네. 참, 내 이름은 오정석일세. 자네 이름은 진작부터 알고 있었다네. 나이도 엇비슷해 보이니 그냥 오 역관이라 부르게."

"아, 예. 잘 부탁드립니다."

두 사람은 화톳불이 꺼질 때까지 훈훈하게 이야기를 나누었다.

영실은 오 역관과 길동무가 되었다. 서로 이런저런 이야기를 나누며 걸으니 다리도 덜 아팠다. 영실은 명나라에 처음 가지만, 오 역관은 벌써 서너 차례나 명나라에 다녀왔다고 했다. 궁금한 게 많은 영실은 오 역관을 통해 미리 명나라 공부를 하는 셈이었다.

한양을 떠난 지 한 달을 훨씬 넘겨 명나라 땅 북경에 도착했다.

명나라를 왜 대국이라고 하는지 실감이 났다. 이미 요동벌을 지나올 때, 끝이 안 보이는 넓은 벌판을 보면서 짐작했던 대로였다. 땅만 광활한 게 아니라, 산천도 건물도 위세가 느껴졌다. 영실은 동래에서 처음 한양에 왔던 때보다 훨씬 더 놀라고 긴장했다.

명나라 황제에게 조선의 문서를 올리고 문안하는 예식 행사부터 치러졌다. 영실도 서운관 관리들의 뒷자리에 끼여 참석했다. 명나라 관리들이 베푸는 연회를 두어 번 더 치르고서야 관심거리에 눈을 돌릴 수가 있었다.

거리에는 웅장한 기와지붕이 검은 파도처럼 이어져 있었다. 듣기만 했던 다양한 사람들을 본 것도 길거리에서였다. 눈이 쪽빛으로 파랗고 코가 높이 솟은 사람이 몸에 딱 붙는 의복을 입고 다녔다.

'세상은 이리도 다양한 것을! 내가 만나지 못한 사람과 몰랐던 문물들이 너무 많구나.'

몇 번이나 영실의 머릿속을 스치는 생각이었다. 많이 보고 많이 깨우쳐야겠다는 결심이 영실의 호기심에 불을 지폈다. 날마다 필기도구와 비상금을 챙겨서 사방팔방으로 돌아다녔다.

'견학만큼 좋은 공부도 없지. 암, 보는 것만으로도 안목이 넓어지는걸.'

숙소로 올 때는 가슴이 뻐근해질 만큼 보람을 안고 왔다.

"이보게, 명나라에 와서는 얼굴 보기도 힘들구먼. 무에 그리 바쁜가?"

오 역관이 영실이 묵는 방으로 찾아왔다.

"어서 오세요. 통역 일은 다 마쳤습니까?"

"공적인 일은 마무리되었지. 무역상들의 중요한 거래와 몇 군데 통역만 하면 되니, 여유가 좀 생겼다네."

"그럼, 내일은 저와 함께 대국 유람을 하시지요. 말이 짧아서 답답할

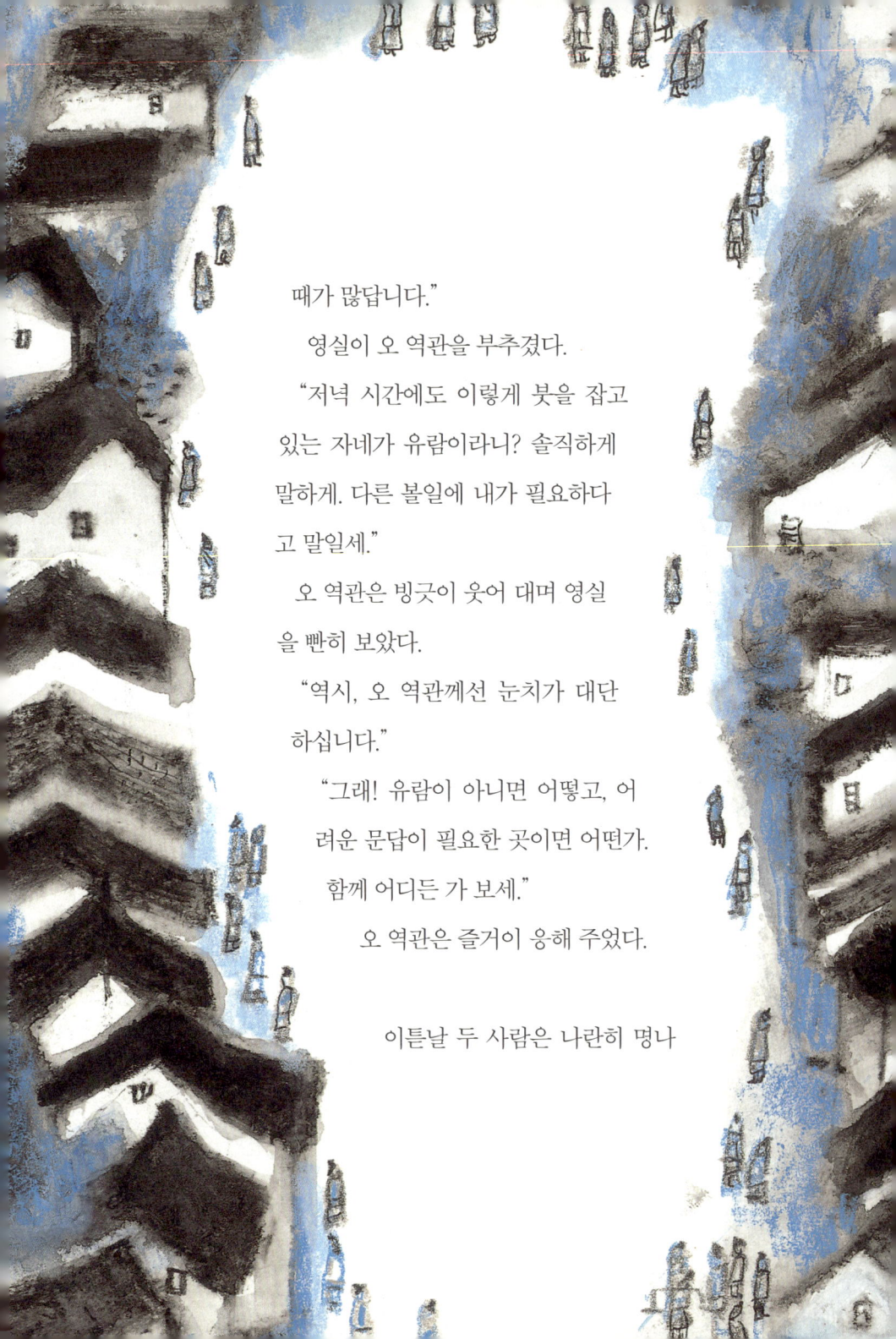

때가 많답니다."

영실이 오 역관을 부추겼다.

"저녁 시간에도 이렇게 붓을 잡고 있는 자네가 유람이라니? 솔직하게 말하게. 다른 볼일에 내가 필요하다고 말일세."

오 역관은 빙긋이 웃어 대며 영실을 빤히 보았다.

"역시, 오 역관께선 눈치가 대단하십니다."

"그래! 유람이 아니면 어떻고, 어려운 문답이 필요한 곳이면 어떤가. 함께 어디든 가 보세."

오 역관은 즐거이 응해 주었다.

이튿날 두 사람은 나란히 명나

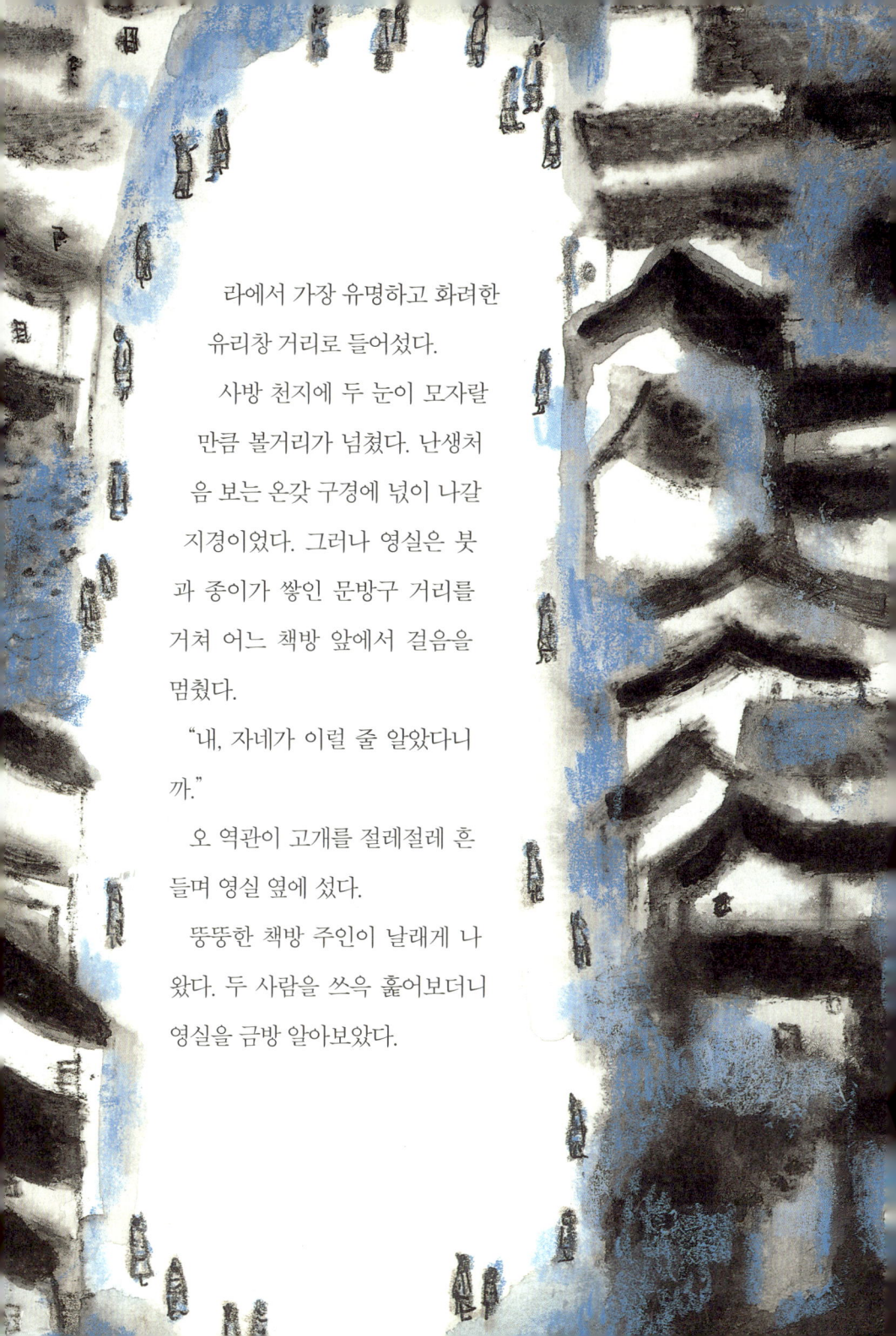

라에서 가장 유명하고 화려한 유리창 거리로 들어섰다.

사방 천지에 두 눈이 모자랄 만큼 볼거리가 넘쳤다. 난생처음 보는 온갖 구경에 넋이 나갈 지경이었다. 그러나 영실은 붓과 종이가 쌓인 문방구 거리를 거쳐 어느 책방 앞에서 걸음을 멈췄다.

"내, 자네가 이럴 줄 알았다니까."

오 역관이 고개를 절레절레 흔들며 영실 옆에 섰다.

뚱뚱한 책방 주인이 날래게 나왔다. 두 사람을 쓰윽 훑어보더니 영실을 금방 알아보았다.

"꼭 다시 찾아올 줄 알고 있었소. 헤헤."

책방 주인이 기름진 얼굴로 희죽 웃었다.

오 역관이 주인 말을 맞받아 물었다.

"어째서 다시 올 것이라 알았소? 드넓은 유리창 거리에 셀 수없이 많은 게 책방인데요?"

"이래 뵈도 여러 나라 사람을 겪으며 장사한 지가 수십 년이라오. 더구나 저 사람은 책을 보자 잃어버린 자식을 다시 찾은 것마냥 눈빛이 변하던걸요."

그새 영실은 벌써 점찍어 둔 책들을 한 아름 안고 나왔다. 책 더미를 본 오 역관은 눈이 휘둥그레졌다.

"며칠 전에 왔을 때, 내가 조선 사람인 줄 알아보고는 터무니없이 비싼 값을 부르는 게 아닙니까. 오 역관께서 통역을 잘해 책값을 깎아 주십시오."

"장사에 도가 튼 주인은 벌써 자네가 다시 올 것을 예상했는데, 짐짓 안 살 것처럼 굴어야 값을 깎을 게 아니오? 게다가 귀한 아들 안듯이 덥석 껴안고 나오면 책값을 더 높여 부를 것이오."

오 역관이 조선말로 세상 물정 모른다며 영실을 나무랐다.

"꼭 사고 싶은 귀한 책입니다. 흥정을 끌다가 팔려 버리면 큰일 아닙니까?"

"어디 책방이 이곳뿐이란 말이오?"

오 역관은 영실이 답답해 죽겠다는 표정이었다.

"안 사려면 책을 이리 주시오."

설마, 책방 주인이 조선말을 시시콜콜 다 알아듣는 걸까? 영실과 오 역관이 말을 주고받는 사이에 책방 주인은 잽싸게 책을 싹 거둬들였다. 몸집은 곰 같은데, 날래기는 제비였다.

그러자 몸이 단 사람은 영실이었다. 이러다 정말 책을 안 판다고 하면 어쩌나 하고 단박에 불안한 얼굴이 되었다.

"어서 오 역관께서 흥정을 해 주세요."

돌아서 가려는 오 역관의 옷자락을 영실이 잡아당겼다. 오 역관은 할 수 없이 주인을 불렀다. 책값을 싸게 주면 조금 전의 책들을 몽땅 사겠다고 했다. 주인은 그럼 그렇지, 하는 표정으로 재빨리 책들을 챙겨 나왔다.

오 역관이 책값을 깎느라 말씨름을 했다. 갖은 말을 다 동원해 흥정을 마무리 지으며 오 역관은 빠르고 작게 속삭였다.

"돈을 몇 냥 내 주머니에 넣고 입 딱 봉하고 있게."

주인이 책을 묶어 서점 앞에 내놓았다. 영실은 주머니에 든 돈을 전부 꺼냈다. 돈을 받던 주인이 얼굴을 찌푸렸다. 주머니에 더는 돈이 없다는 걸 안 주인은 오 역관을 다그쳤다. 주인이 뭐라 하든 오 역관은 느긋하게 두 손을 들어 보이곤 대꾸를 안 했다. 주인이 포기한 듯 가라고 했다. 책을 꺼안은 영실은 기쁨을 감추지 못했다. 오 역관은 그제야 마음을 놓는 눈치였다.

책방 거리를 벗어난 두 사람은 모처럼 한가롭게 걸었다. 발걸음이 몇은 곳은 식당 골목이었다. 온갖 음식 냄새가 두 사람의 발목을 잡았다.

"책을 흥정하느라 끼니 시각을 놓쳤네."

"오 역관께서 진땀을 뺐으니, 제가 식사를 대접하겠습니다."

두 사람은 빨간색 등이 화려하게 걸린 식당으로 들어갔다. 탁자에 앉자마자 오 역관이 물었다.

"도대체, 무슨 책이기에 그리 욕심을 내는가?"

영실은 멋쩍게 웃어 보였다.

오 역관이 음식 주문을 하고는 책을 한 권씩 살펴보았다.

"아니! 이건 회회국*의 문자 같은데? 지렁이 기어간 자국 같은 글자를 자네가 해독한단 말인가?"

오 역관이 둥그레진 눈으로 물었다.

"오 역관께서도 처음 보시는 글자를 제가 어찌 알겠습니까? 글보다 그림을 보려고요."

"이 책은 천축국의 문자 같은데? 허어, 자네는 나를 여러 번 놀라게 하는군."

"말로만 듣던 멀고 먼 서역의 책까지 유리창에 모여 있을 줄은 몰랐습니다."

"자네의 학구열이 실로 대단하네."

"제가 미처 보지 못한 책들이 이렇게 넘쳐나니, 저는 우물 안 개구리였다는 사실을 수없이 깨닫습니다."

"그 점은 나도 마찬가질세."

두 사람은 처음 보는 책과 처음 먹는 음식을 맛보며, 낯선 풍경을 실컷 구경했다. 영실은 모처럼 편하고 흐뭇한 시간을 보냈다.

---

* 서아시아의 이란과 아라비아 등 이슬람 국가 지역을 이르는 말.

조선의 하늘은
조선의 것

"무슨 재미난 구경에 혼이 빠져서 날마다 지친 몰골로 들어오시오?"

"우리도 알면 안 되는가?"

영실을 본 상인들이 짐 정리를 하다 말고 한마디씩 했다. 영실은 유리창 책방에서 책 수집도 할 만큼 한 터라, 요즘은 높은 산을 찾아 별을 관찰하기에 여념이 없었다.

"어디 보세. 술도 안 마신 것 같은데?"

짓궂은 상인 하나가 영실의 코앞에서 킁킁 냄새까지 맡았다.

"혹시, 유리창 거리에서 야바위에 홀린 거 아니오? 저기 텁석부리*는 글쎄, 인삼에다 황모필을 잔뜩 가져와 후한 값에 팔았는데, 그만 야바위꾼한테 걸려 돈을 다 날리고 저 꼴이라우."

---

* 짧고 더부룩하게 수염이 난 사람을 놀림조로 이르는 말.

한쪽 구석에 맥을 놓고 앉은 상인을 가리키며 짓궂은 상인이 이야기에 열을 올렸다.

"이번 명나라 사행에서는 어찌나 희한한 구경을 많이 했던지, 두 눈이 빠질 뻔했다오. 그 왕부정 거리에서 원숭이와 사람이 부리는 마술을 봤소? 빈 모자에서 새가 날아오르질 않나, 입에서 불이 뿜어져 나오질 않나? 두 눈을 부라리고 지켜봤지만 도깨비한테 홀린 것 같았다오."

"그것은 전부 눈속임입니다."

영실도 거리에서 처음 마술을 보고는 눈이 어지러웠다. 손안에 들고 보여 준 엽전이 엉뚱하게도 구경꾼 호주머니에서 나왔다. 입을 딱 벌리고 말았다. 귀신도 놀랄 지경이었다.

"하여튼, 대국에서는 사람 눈 속이는 기술도 대단하다니까."

"이로운 기술만 배워 조선으로 전하면 좋겠지요."

영실은 혼잣말처럼 읊조렸다.

"자, 날 새겠네. 나머지 짐은 내일 싸고, 그만들 눈이나 붙이세."

상인들이 짐 정리를 하는 건 귀국 날짜가 다가온다는 의미였다. 상인들이 각자 숙소로 흩어지고 이내 코 고는 소리가 벽을 넘어왔다.

그러나 영실은 잠이 오지 않았다.

"흠경각의 혼천의 도식을 견양하여 가져오라."

임금의 간곡한 음성이 귓가에 생생하게 들렸다.

'전하의 뜻을 꼭 이룰 것입니다.'

영실은 크게 숨을 들이마시고 두 눈에 힘을 주었다.

며칠 후, 사행단이 먼저 귀국길에 올랐다. 오 역관도 상인들과 함께 조선으로 떠났다.

영실은 서운관의 젊은 관리, 그리고 윤사웅 대감과 함께 남았다. 천문학과 앞선 문물을 더 배우기 위해서였지만, 속내는 더 중요한 일이 남았기 때문이었다.

영실은 별을 보러 가지 않는 날에는 유리창에서 구해 온 책을 읽고 연구에 파묻혔다. 천문과 역법에 관한 책들은 보면 볼수록 앞선 학문에 깊이 빠져들었다.

그러다 가슴이 체한 듯 답답할 때면 윤사웅 대감을 찾았다. 누구와 토론이라도 해야 겨우 숨통이 트이곤 했다.

"동서양의 책들을 다 섭렵하고 아무리 이론을 줄줄 꿴다고 해도, 실제 관측으로 실습을 해 보지 않는다면 모래 위에 집짓기가 될 뿐이옵니다."

"나 역시, 막다른 골목에 선 기분이라네. 명나라 관상대를 보지 않고는 우리의 공부가 별 효용이 없을 게 뻔한데……."

윤사웅 대감은 그다음 말은 잇지 못하고, 한숨만 땅이 꺼지게 내쉬었다.

"지금은 이곳의 별자리와 달의 움직임을 관측하는 일만 하는 수밖에 없습니다."

"온갖 궁리를 다 해 봐도 도무지 방법이 없으니……."

의논과 토론은 늘 이 정도에서 그쳤다.

윤사웅 대감은 명나라 관리들을 만나거나 관상대에서 일하는 사람들을 찾는데 힘썼고, 영실은 꾸준히 유리창의 책방에서 시간을 보냈다. 그러는 동안 유리창 책방 거리에서는 영실을 알아보는 주인들이 여럿 생겼다. 이제는 책값을 바가지 씌우는 일도 없었고, 영실의 중국어 실력이 더욱 유창해져 흥정에서도 밀리지 않았다.

어떤 책방에서는 책을 사지 않고도 얼마든지 보라는 호의를 베풀기도 했다. 영실은 차를 한잔 사 마시고, 새로 들어온 책을 찾았다. 아라비아 상인으로부터 입수했다는 서적이 영실의 눈길을 사로잡았다.

'이 그림들은 땅이 둥글다고 설명하고 있는 듯한데…… 이 나라에선 지구가 둥글다고 생각한다는 건가? 흐음.'

영실은 새롭게 눈이 떠지는 기분이었다. 우리가 사는 땅이 어떤가를 확증하고 나서야 천문을 올바로 알 수 있을 터였다. 아니라면 우선 땅이 둥글다는 가설을 세우고 연구를 해 보는 것도 의미가 있을 것 같았다.

그날부터 영실은 더욱 깊이 연구에 매달렸다. 날마다 관측한 하늘을 분야별로 기록하고 다른 나라 천문학을 병행해서 공부했다.

타국에서 보내는 세월은 코끼리 걸음처럼 성큼성큼 지나갔다. 영실이 공부한 서책들의 부피도 엄청 늘어났을 때였다.

어느 날, 윤사웅 대감을 비롯해서 서운관 관리들이 모처럼 저녁을 함께했다.

"북경에 머문 지 어느새 일 년이 되었습니다."

영실이 말을 꺼내자, 윤시웅 대감이 이어서 할 말을 전했다.

"명나라 황후마마의 생신을 맞아 축하하는 사신이 곧 도착할 것이라 합니다. 이천 대감도 함께 오신다는 기별이 왔습니다."

"이천 대감께서요?"

영실의 얼굴에 생기가 돌았다. 이천 대감이 사행 길에 오기로 약조되어 있었지만, 외국 행차는 와야 오는 것이었다. 당도하는 데 오랜 시일이 걸리는 만큼 변수도 많았다.

"뭣보다 걱정이오. 돌아가기 전까지는 이곳 관상대를 봐야 할 텐데. 시일이 얼마 남지 않았으니. 무슨 묘책이 없겠소?"

윤사웅 대감이 심각한 표정으로 목소리를 낮추고 말했다.

"명나라 법률서,『야획편』을 보니 관상대를 침범하는 자는 무조건 사형에 처한다고 적혀 있더이다."

젊은 관리가 굳은 얼굴로 말했다.

"백방으로 알아봤으나, 그곳은 천자*의 영역이라, 외부 사람은 접근만 해도 목숨을 내놔야 한다는군. 휴우."

윤사웅 대감의 얼굴에 짙은 구름이 드리워졌다. 영실이 조심스럽게 입을 열었다.

"그간 동서고금의 서책들을 닥치는 대로 찾아 읽어 보니, 땅이 둥글다는 설명이 그럴듯하게 와 닿았습니다. 중국만이 세상의 중심이라고 하는 건 모순입니다. 어느 곳이나 중심이 된다는 것 아닙니까?"

"허어, 조심해야 할 말일세."

---

* 하늘의 뜻을 받아 하늘을 대신하여 천하를 다스리는 사람이라는 뜻으로, 군주 국가의 최고 통치자를 이르는 말.

윤사웅 대감이 주위를 살피며 손가락을 입에 갖다 댔다. 그러나 젊은 관리는 한술 더 떴다.

"그렇다면, 어떤 곳이든 발 딛는 자리가 중심이 될 수 있지 않습니까? 조선의 하늘은 조선의 것이지요. 명나라 황제가 스스로 하늘의 아들이라 칭하고, 하늘을 독차지한다는 게 말이 됩니까? 조선 땅, 조선 사람 머리 위의 하늘이 어찌 황제의 것이랍니까? 조선 하늘에 뜬 별 하나라도 황제가 만든 게 아닌데 말입니다."

영실도 젊은 관리와 같은 생각을 했다.

"하늘은 누구의 하늘도 아닙니다. 아득한 때로부터 있어 왔고 영원토록 존재할 하늘이지요. 그러니 조선

 의 하늘을 관찰하는 일도, 조선에 맞는 역서를 만드는 일도 조선 사람 소관입니다."
 "어허, 여긴 명나라일세. 말을 삼가고, 귀국 준비나 차질 없도록 하세."
 윤사웅 대감은 두 사람의 말을 막느라 급하지도 않은 귀국 준비를 시켰다.

 임금의 음성이 귓가에 떠오르면 영실은 밤잠을 이루지 못했다. 잠을 설친 다음 날, 영실은 무거운 발걸음으로 시장 거리를 헤매고 다녔다. 도저히 책방에 틀어박혀 책만 보고 있을 심정이 아니었다. 시장에는 항상 눈 돌아가는 구경거리가 끊이지 않았다. 코끼리라는 동물의 집채 같은 덩치에 놀라고, 코끼리의 엄니인 상아는 온갖 공예품의 재료가 되었다. 오목경이란 투명한 유리는 햇볕을 모아 불을 일으켰다. 아라비아에서 들여왔다는 유리그릇에는 저절로 손이 갔다. 만지면 없어질 듯 투명한 그릇은 하늘에서 선녀들이 만든 물건 같았다.

'저 그릇에는 별을 따서 담으면 딱 좋겠군.'

영실은 혼잣말을 했다. 이 세상에는 모르는 사물, 알지 못하는 물질이 가득하다는 사실을 받아들이며 고개를 끄덕였다. 그동안 책을 보느라 못했던 구경이나 실컷 하자는 생각이 들었다. 영실은 여기저기 발길 가는대로 돌아다녔다. 다리가 뻐근해질 즈음 화려한 거리에도 어둠이 내렸다. 코를 자극하는 음식 냄새에 둘러보니, 붉은 등불이 걸린 환한 주점과 음식점들이 늘어선 거리였다. 기다렸다는 듯 허기가 몰려왔다.

영실은 바로 앞에 있는 깨끗한 음식점으로 들어갔다. 거침없이 명나라 말로 재료까지 물어 가며 음식을 주문했다. 땅이 넓은 만큼 명나라에는 먹을거리도 다양했다. 영실은 만두와 국수, 고기까지 곁들여서 종일 곯은 배를 채웠다.

배가 부르니, 기운이 좀 났다. 영실은 그제야 옆자리에 앉은 노인이 자신을 빤히 보고 있는 걸 알아챘다. 옷차림은 귀인인데, 음식을 탐하는 눈빛이 강했다. 노인은 줄곧 음식을 먹는 영실의 입을 보고 있었다. 눈길이 마주치자, 노인은 무안한 듯 깡마르고 일그러진 얼굴을 돌렸다. 그러나 입가에 군침이 흘러내리는 모습을 모른 척할 수가 없었다.

영실이 공손하게 물었다.

"대인, 음식을 좀 시켜 드릴까요?"

"아니요. 음식을 맛있게 먹는 모습이 부러워서⋯⋯ 나도 모르게 실례를 했소이다."

노인은 멋쩍게 웃으며 상에 놓인 술잔을 들었다. 그러고 보니 노인은 술이 꽤 취한 상태였다.

영실은 술병만 놓인 노인의 상을 보며 고개를 갸우뚱거렸다. 고급 비단옷이며 차림새를 보아하니 귀인으로 돈이 없지는 않을 텐데 몸은 젓가락처럼 바짝 여위었다. 바람에도 허리가 꺾일 것처럼 약해 보였다. 노인은 몇 번이나 고통스러운 듯 얼굴을 찡그렸다. 그걸 보던 영실의 머릿속에 번쩍 스치는 게 있었다.

"대인, 음식을 못 드시는 사정이 혹시 치통 때문인지요?"

"아니, 젊은이가 그걸 어찌 아시오?"

노인이 끔뻑 놀라 입을 벌리는 틈에, 영실은 노인의 입안을 보았다. 어금니가 까맣게 썩어 있었다. 아랫턱이 부은 것만 봐도 고통을 알 만했다.

"충치가 심해서 그만 이 지경이 됐소. 갖은 약에 돈을 썼으나 썩은 이가 새것처럼은 되지 않더이다. 이태 전부터 음식을 씹지 못해 요즘엔 술만 마시고 있소. 젊은이처럼 맛나게 씹어 본 게 언제인지⋯⋯ 이러다 곧 죽을 것 같소."

말을 하는 사이사이 노인은 몇 번이나 얼굴을 찡그렸다. 사정을 듣고 보니 딱한 일이었다.

"제가 도와 드리고 싶은데, 허락해 주시겠습니까?"

"무슨 수가 있다는 거요? 유명한 의원들의 처방도 아무 소용이 없었는데?"

말은 그리해도 노인의 눈빛은 혹시나 하는 기대가 엿보였다.

영실은 품에서 늘 차고 다니는 주머니를 꺼냈다. 그 안에서 염소 똥처럼 뭉친 밀랍 덩어리를 입김으로 호호 녹였다. 말랑해진 밀랍을 노인에게 어금니로 물고 있으라 했다. 잠시 후 영실이 조심스레 밀랍을 떼며 말했다.

"식사를 드실 수 있게 해드릴 테니, 내일 이 시간 이 자리에서 뵙지요."

"나야, 내일도 여기서 술로 요기를 하고 있을 것이오."

노인이 심드렁하게 말했다.

"술보다 이걸 드시는 게 몸에 좋을 것입니다."

영실은 청심환 몇 개를 노인에게 건넸다. 노인과 헤어진 영실은 물어물어서 대장간을 찾아갔다.

대장장이 한 사람만이 화덕을 지키고 있었다. 영실은 잠시 대장간에서 간단한 작업을 하자고 부탁을 했다. 대장장이는 두 마디도 꺼내기 전에 손부터 내저으며 나가라고 했다. 영실은 얼른 대장장이 손에 돈을 쥐어 주었다.

"뭘 만들려고 그러시오?"

대장장이는 바로 불꽃을 살리고 모루*를 챙겨 주며 물었다.

"간단한 일이오."

---

* 대장간에서 불린 쇠를 올려놓고 두드릴 때 받침으로 쓰는 쇳덩이.

대장장이는 졸던 눈을 비비며 영실이 하는 일을 구경했다.

영실은 가지고 있던 은자와 대장간의 쇠 그릇에 남은 구리를 불에 녹였다. 본뜬 밀랍을 석회로 굳히고 그 속에 쇳물을 부었다.

"햐! 솜씨가 어찌나 민첩한지 놀랍소."

대장장이가 연신 감탄을 했다. 영실은 굳을 동안 손대지 말라고 이르고, 내일 찾아가겠다고 했다. 모처럼 숙소로 돌아오는 발걸음이 가벼웠다.

밤이 늦었는데, 숙소엔 불이 환하고 말소리가 떠들썩하게 새어 나왔다.

"자네는 이 시간까지 어딜 돌아다닌 게야? 찾으러 갔던 사람이 북경 거리를 뒤지다 못 찾고 땀만 빼고 돌아왔네."

윤사웅 대감이 호되게 나무랐다.

"허허. 됐습니다. 애를 태우고 만나야 갑절로 반가운 법이지요."

귀에 익은 호탕한 목소리였다. 영실은 화들짝 놀랐다.

"이천 대감님!"

영실은 반가움이 북받쳐 울음 섞인 목소리로 불렀다.

물 만난 고기처럼 영실은 이천 대감에게 쌓인 이야기를 풀어놓았다. 달이 지고 해가 뜨도록 할 말이 끊이지 않았다.

이천 대감은 조선의 사정과 한양 소식을 전해 주었다. 무엇보다 임금께서 영실이 돌아오기를 학수고대한다고 했다. 그 말을 듣고 기쁜 한편 마음이 가시에 찔린 듯 불편했다. 임금을 기쁘게 할 소임을 다하지 못했기 때문이었다.

"단 한 가지. 전하의 명을 수행하지 못해 마음이 천근만근입니다. 대감과 머리를 맞대고 묘안을 찾고 싶습니다."

"주상 전하께서는 무리하지 말라고 이르셨네. 자네가 명나라에서 공부한 경험만으로도 기대가 된다고 하셨어."

이천 대감도 벌써 이곳 사정을 충분히 짐작하고 있었다. 영실은 이천 대감이 명나라 땅에 와 있다는 사실만으로도 마음이 든든했다.

이튿날, 이천 대감은 축하 사절단과 명나라 황실로 들어가고 영실은 어제 작업을 했던 대장간으로 향했다. 역시 정성을 들인 대로 금속이 완성되어 있었다.

유리창 거리를 걸으며 또다시 어떻게 하면 황실의 관상대를 구경할 수 있을까, 그 생각에 사로잡혔다.

'백문이 불여일견이란 말처럼, 책을 백 권 읽는다 해도 실제를 한 번 보는 것만 못하다. 여기까지 와서 천문 기기의 실물을 보지 못하고 돌아간다면 백 가지 공부가 허사일 것이다.'

영실은 깊은 생각에 빠져 어제의 음식점을 지나치고 말았다. 낯선 거리를 한 바퀴 헤맨 뒤에야 겨우 음식점을 찾아들었다.

어제 본 노인은 같은 자리에 앉아 있었다. 영실을 기다리는 게 아니라, 술로 허기와 통증을 달래느라 항상 나와 있는 모양이었다.

"대인, 치통은 어떠십니까?"

영실이 탁자에 마주 앉으며 물었다.

"하루 사이에 썩은 이가 새로 날 턱도 없고, 무에 달라질 것인가. 이뿌

리에 물만 닿아도 몸서리치는데. 에잉!"

노인은 말하기도 짜증스러워했다.

"대인, 잠시만 입을 벌려 주시겠습니까? 음식을 좀 드시게 될지도……."

노인은 체념한 듯이 영실이 하자는 대로 했다.

영실은 주머니에서 금속 보철을 꺼내 노인의 상한 어금니 위에다 눌러 씌웠다.

"이제 음식을 드시기 수월할 것입니다."

노인은 달라진 입안을 혀로 확인하더니, 주방장을 불러 음식을 가져오라 일렀다. 곧 김이 솔솔 오르는 음식상이 나왔다. 노인은 부드러운 음식부터 입에 넣었다. 그다음 젓가락으로 고기를 집어 먹었다. 음식을 씹던 노인의 앙상한 볼에 갑자기 눈물이 주르륵 흘러내렸다.

"먹을 수가 있어! 살 것 같아!"

노인이 영실의 두 손을 와락 잡더니 고맙다고 몇 번이나 인사를 했다.

영실도 기뻤다. 먹을 게 없어 굶는 것도 슬프지만, 눈앞에 음식을 두고 못 먹는 고통도 슬프긴 마찬가지로 보여서 도왔을 뿐이었다. 크게 힘들인 일도 아닌데, 기대 이상으로 치하를 받게 되었다.

노인은 종이와 붓을 꺼내 재빠른 손놀림으로 글을 적더니, 주인한테 자기 집으로 전해 달라고 청을 넣었다.

"자, 젊은이 내 술 한잔 받으시오. 생명의 은인이오."

"과분한 말씀입니다."

영실이 받은 술잔을 미처 비우기도 전에 노인을 찾아온 사람이 있었다. 노인의 집에서 온 하인이었다. 노인은 하인이 가져온 붉은 비단 보따리를 영실에게 건넸다.

"이, 이게 무엇이옵니까?"

영실이 어리둥절해서 물었다.

"하하, 은혜를 갚아야지요."

"이러시지 않으셔도 됩니다."

영실은 두 손을 내저으며 조선에서 온 유학생이라고 자신을 소개했다.

"명나라 말이 유창하여 조선 사람인 줄 몰랐소이다. 그럼 이름을 알려 주시오."

"장영실이라 합니다."

노인은 한사코 은혜를 갚게 해 달라며 선물을 받으라고 사정했다. 영실이 극구 사양을 하니, 다른 방법으로 은혜 갚을 기회를 달라고 간곡히 말했다.

"나는 황실 관상대 흠천감의 부감*이라오. 유학 중에 어려운 일이 있으면 언제든지 찾아오시오."

순간, 영실은 귀가 번쩍 뜨였다.

'명나라의 서운관인 흠천감? 부감을 맡고 있다면?'

영실은 벌떡 일어나 노인에게 절을 올렸다. 이번엔 노인이 당황해서 어쩔 줄 몰랐다.

"한 번만 도와주십시오. 대인!"

영실은 간절한 음성으로 부탁의 말을 꺼냈다. 자신은 천문학을 공부하는 중이고, 명나라 천문대를 보는 게 소원이라고 사정했다.

노인은 단박에 사색이 되어 고개를 좌우로 저었다. 그 일만은 절대로 안 된다고 단호하게 말했다.

"들키면 죽음이오. 장 공뿐 아니라, 내 목숨까지 내놔야 하오."

"딱 한 번 보기만 하면, 죽어도 여한이 없겠습니다."

엎드려 간청하는 영실을 외면한 채 노인이 일어섰다.

"대인! 관상대를 보는 게 제 소원입니다. 죽어도 좋습니다. 부디……."

영실은 노인의 발치에서 간절한 눈빛으로 노인을 올려다봤다. 노인은

---

* 최고 수장인 감정 바로 아래 직위.

이러지도 저러지도 못하고 그 자리에 서 있었다. 백 마디 말보다 영실의 젖은 눈이 노인의 마음을 움직였다. 노인이 다시 자리에 앉았다.

"목숨을 걸 만큼이나 보고 싶소? 생명의 은인이니, 딱 한 번 기회를 주겠소."

노인이 떨리는 목소리로 작게 말했다.

영실은 그 자리에 엎드린 채로 어깨를 들썩이며 기쁨의 눈물을 흘렸다.

흠천감의 노인과 약속한 황실 관상대에 오르는 날 밤이었다. 명나라 천문 관원의 옷을 입은 영실은 뛰는 가슴을 안고 숨을 죽였다.

노인이 알려 준 교대 암호만 속으로 반복해서 외웠다. 다행히 황실 관상대 관리들은 오랜만에 보는 노인의 건강을 염려하느라 뒤따르는 영실은 관심 밖이었다. 그러나 영실은 오장육부가 요동칠 만큼 흥분되었다.

관상대로 오르는 스무 걸음 남짓해 보이는 계단이 조선에서 명나라로 오던 몇 천 리 길보다 더 아득하게 느껴졌다. 한 걸음씩 침착하게 발걸음을 옮겨 관상대로 올라갔다.

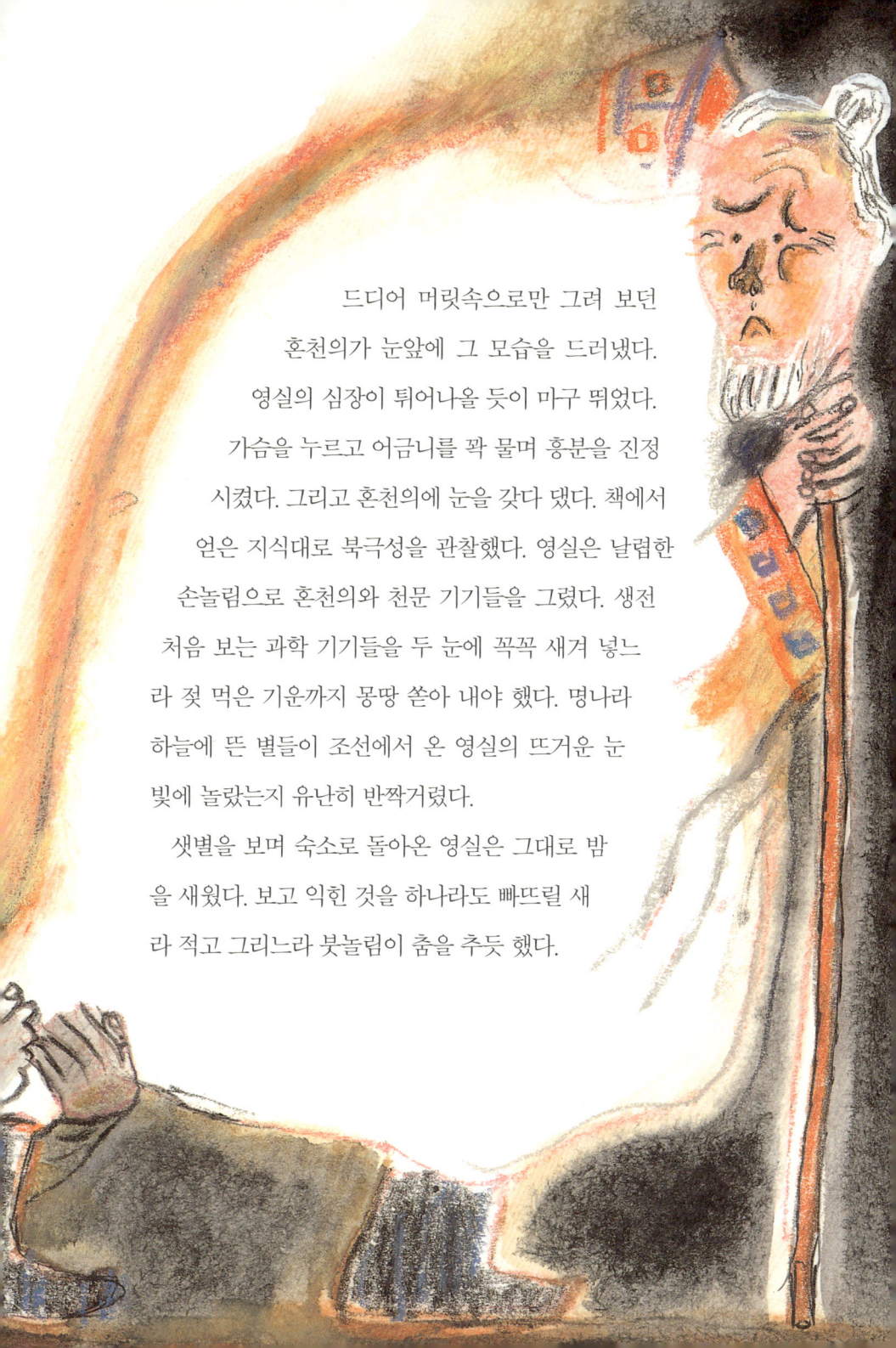

드디어 머릿속으로만 그려 보던 혼천의가 눈앞에 그 모습을 드러냈다. 영실의 심장이 튀어나올 듯이 마구 뛰었다. 가슴을 누르고 어금니를 꽉 물며 흥분을 진정시켰다. 그리고 혼천의에 눈을 갖다 댔다. 책에서 얻은 지식대로 북극성을 관찰했다. 영실은 날렵한 손놀림으로 혼천의와 천문 기기들을 그렸다. 생전 처음 보는 과학 기기들을 두 눈에 꼭꼭 새겨 넣느라 젖 먹은 기운까지 몽땅 쏟아 내야 했다. 명나라 하늘에 뜬 별들이 조선에서 온 영실의 뜨거운 눈빛에 놀랐는지 유난히 반짝거렸다.

샛별을 보며 숙소로 돌아온 영실은 그대로 밤을 새웠다. 보고 익힌 것을 하나라도 빠뜨릴새라 적고 그리느라 붓놀림이 춤을 추듯 했다.

솜저고리 속에서
나온 종이

국경 지대에서는 듣던 대로 짐 조사가 삼엄했다. 명나라의 귀한 것들을 나라 밖으로 가져갈까 봐 눈에 불을 켜고 찾았다. 특히 명나라 관원들은 천문대에 관한 글이나 문서가 발견되면 바로 감옥으로 보낸다고 했다.

"궤짝 바닥까지 뜯는 것도 모자라 상투까지 헤집다니. 어휴! 물귀신보다 더해."

장사꾼이 씩씩대며 흐트러진 짐을 다시 쌌다. 검사를 어찌나 철저히 하는지, 영실도 책 몇 권과 문서를 압수당했다. 하지만 중요한 글들은 미리 안전하게 간수를 해 둔 터였다.

영실은 돌아오는 길 내내 명나라 관상대에서 본 혼천의며 관측기구의 기억을 되새기고 원리를 추측했다. 조선의 시간을 재고, 조선의 별을 보는 기구를 구상하느라 머릿속이 꽉 찰 정도였다. 조선이 가까워질수록 영실은 발걸음이 빨라졌다. 뭣보다 임금의 간곡한 뜻을 수행하여 마음이 뿌듯했다.

세종은 영실 일행이 당도한다는 전갈을 받고 근정전 앞마당까지 나와 있었다. 일 년이 지나고 만난 임금은 변함없이 따뜻했다. 일행은 대전에서 귀국 인사를 올렸다.

"전하, 옥체 강령하셨사옵니까?"

"영실이가 보고 싶어 눈병이 날 지경이었다, 하하하."

영실은 임금이 자신을 기다렸다는 사실에 몸 둘 바를 몰랐다. 세종은 이천과 영실을 따로 붙잡고 명나라 이야기를 듣고 싶어 했다. 세종은 영실의 이야기를 한마디도 놓치지 않았다. 길거리에서 만났던 외국의 색목인, 하다못해 야바위꾼 얘기도 흘려듣지 않았다.

세종 역시 호기심이 많은 임금이었다. 구해 온 책들도 그 자리에서 펼쳐 보기 바빴다.

"이건 명나라……『천문지』로구나. 그리고 이 책엔 글씨가 희한하구나. 어느 나라 책이오?"

"예. 회회국의『정교한 기계 장치의 지식서』입니다. 이 모든 책들을 참고로 해서 조선에 꼭 필요한 천문 기기와 격물을 만들 작정이옵니다."

"호오, 글자가 독특한 것이…… 흠흠, 각 나라마다 고유한 글자를 가지고 있구나."

세종은 신기하고 부러운 눈길로 영실이 가져온 책을 한 장씩 넘겨 보았다.

몇 가지 진귀한 서양 물건까지 죄다 구경을 한 뒤에도, 세종은 허전한 얼굴로 영실을 건너다보았다.

얼굴빛으로 묻고 있는 임금의 뜻을 영실은 얼른 알아차렸다.

영실이 몇 걸음 앞쪽에 앉은 이천 대감에게 무릎걸음으로 다가갔다.

"저어, 대감. 잠시 윗옷을 벗어 주십시오."

"이 사람이 갑자기 옷을 벗어 달라니? 전하 앞에서 결례를 하란 말인가?"

"괘념치 마시오."

세종이 시선을 책으로 옮겼다.

"허, 참!"

이천 대감이 난처한 몸짓으로 겉저고리를 벗어 영실에게 건넸다. 영

실은 옷깃을 들추고는 조심스럽게 꿰맨 실매듭을 뜯었다.
　세종과 이천 대감은 의아한 눈길로 영실의 손놀림을 지켜보았다. 이윽고 영실이 솜저고리 속에서 접힌 종이를 꺼냈다. 이천 대감이 놀란 눈으로 옷에서 나온 종이를 보았다. 영실은 종이를 반듯하게 편 후에 임금 앞에 올렸다.
　"명나라에서 본 천문 기기들의 모형과 설계도를 그린 것입니다."
　"오! 장영실의 노력이 가상하도다."
　세종은 무릎을 치며 기뻐했다.
　"과연 영실이구나! 기어이 해냈어."
　이천 대감은 어전이란 것도 잊고 큰 소리로 칭찬을 했다.
　"이천 대감의 옷에 숨기면 높은 신분이라 함부로 뒤지는 일은 없을 것이라 여겼습니다."

영실은 만약을 대비해 혼자만 책임을 지려고 비밀로 했다고 말했다.

"영실의 지혜를 누가 따를까? 하하. 나라를 위해 기꺼이 위험을 감수했구나!"

임금의 아낌없는 찬사를 들으니 영실은 그간의 고생이 말끔히 가셨다.

대전을 물러 나온 영실은 이천 대감에게 가슴에 담고 온 포부와 각오를 풀어놓았다.

"이 모든 계획은 대감께서 이끌어 주셔야만 해낼 수 있습니다."

"조선을 위한 일인데, 여부가 있겠나!"

그 뒤 영실은 공방에 틀어박혀 물시계 만드는 일에 매달렸다.

세종은 조정 대신들을 모아 놓고 뜻밖의 말을 하였다.

"장영실이 맡은 일은 심히 중요한데, 지금의 처지로는 일하기에 한계가 있소. 과인은 장영실의 신분을 바꿔 줄 것이오."

미리 작정을 한 듯 단호하게 영실에게 벼슬을 주겠다고 어명을 내렸다. 영실에게 벼슬이 내려지자, 대전은 벌집을 쑤신 것처럼 시끄러웠다.

"전하! 천한 자에게 벼슬은 안 될 일이옵니다."

"조선의 법도와 기강이 무너지는 일이옵니다. 명을 거두어 주소서."

"아니 되옵니다. 전하!"

이조 판서 허조 대감이 앞장서 반대를 하자, 많은 대감들이 '아니 되옵니다!'라고 합창을 했다. 조말생 대감이 나서서 임금의 뜻을 받들자고 했으나, 반대는 수그러들지 않았다. 보다 못한 황희 정승이 천민도 공이 있으면 천한 신분을 벗은 전례가 있다고 아뢰었다.

"태종 임금께서도 평양의 관노를 면천시키고 벼슬을 주신 일이 있사옵니다. 장영실도 마땅하다고 사료되옵니다."

신하들이 한바탕 의견 싸움을 치르고서야 드디어 영실은 천한 신분의 굴레를 벗었다. 녹봉도 없는 상의원 별좌였지만 동래현 현령과 같은 직급이었다.

영실은 어머니를 부르며

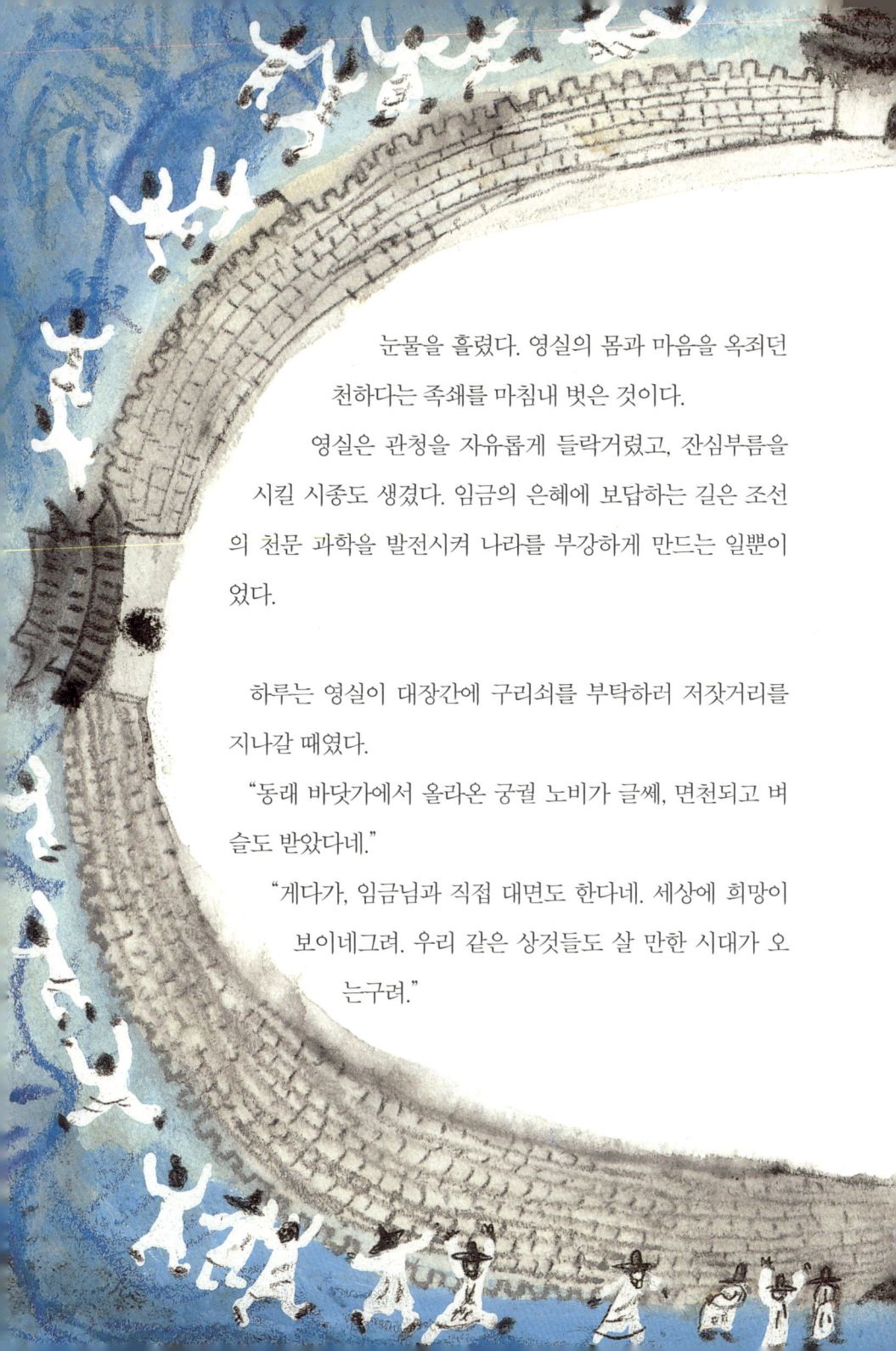

눈물을 흘렸다. 영실의 몸과 마음을 옥죄던 천하다는 족쇄를 마침내 벗은 것이다.

영실은 관청을 자유롭게 들락거렸고, 잔심부름을 시킬 시종도 생겼다. 임금의 은혜에 보답하는 길은 조선의 천문 과학을 발전시켜 나라를 부강하게 만드는 일뿐이었다.

하루는 영실이 대장간에 구리쇠를 부탁하러 저잣거리를 지나갈 때였다.

"동래 바닷가에서 올라온 궁궐 노비가 글쎄, 면천되고 벼슬도 받았다네."

"게다가, 임금님과 직접 대면도 한다네. 세상에 희망이 보이네그려. 우리 같은 상것들도 살 만한 시대가 오는구려."

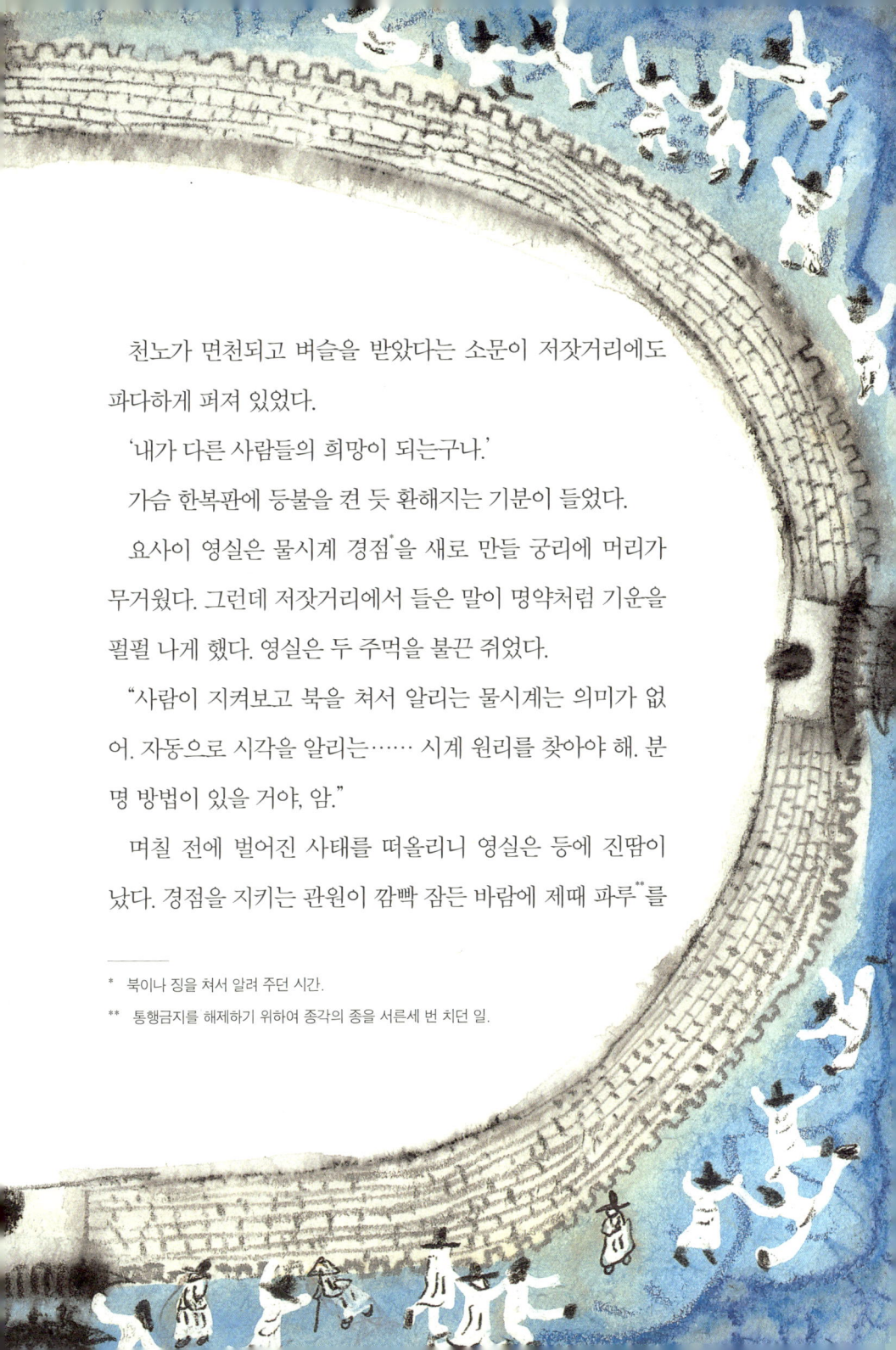

　천노가 면천되고 벼슬을 받았다는 소문이 저잣거리에도 파다하게 퍼져 있었다.
　'내가 다른 사람들의 희망이 되는구나.'
　가슴 한복판에 등불을 켠 듯 환해지는 기분이 들었다.
　요사이 영실은 물시계 경점*을 새로 만들 궁리에 머리가 무거웠다. 그런데 저잣거리에서 들은 말이 명약처럼 기운을 펄펄 나게 했다. 영실은 두 주먹을 불끈 쥐었다.
　"사람이 지켜보고 북을 쳐서 알리는 물시계는 의미가 없어. 자동으로 시각을 알리는…… 시계 원리를 찾아야 해. 분명 방법이 있을 거야, 암."
　며칠 전에 벌어진 사태를 떠올리니 영실은 등에 진땀이 났다. 경점을 지키는 관원이 깜빡 잠든 바람에 제때 파루**를

---
* 북이나 징을 쳐서 알려 주던 시간.
** 통행금지를 해제하기 위하여 종각의 종을 서른세 번 치던 일.

못 쳤던 것이다. 파루를 쳐야 도성 문을 여는데, 사대문이 제때에 열리지 않아 백성들이 온갖 낭패를 당했다. 어디 그뿐인가. 궁궐에서도 임금의 경연 시간과 문안 시간이 엉망으로 어긋나 버렸다.

영실은 마음이 바빴다. 한시라도 아껴 궁리 중인 과학 기기들을 만들어야 했다. 영실은 시장 볼일을 마치자, 쫓기는 사람처럼 궁궐 공방으로 걸음을 재촉했다.

그때 영실의 뒷모습을 지켜보는 한 사람이 있었다. 시전 귀퉁이 건어물전에서 나온 남자는 영실을 몇 걸음 쫓아갔지만 놓치고 말았다.

날이 새면 영실은 혼천의를 본뜬 목간의를 만드는 일에 매달렸다. 잠도 잊은 채 천문학과 기하학 책들을 읽었다. 신분이 달라진 영실은 서운관 책방에서도 마음 놓고 공부할 수 있게 되었다. 목간의 작업은 설계도대로 한 치 한 푼도 틀리지 않게 만들고 실험을 마쳤다.

"이렇게 시행착오도 없이 만들어 내다니, 역시 자네 재주는 대단하이."

이천 대감은 한달음에 공방까지 와서 영실을 칭찬했다.

"대감의 꼼꼼한 이론과 설계 덕분입니다."

"백 가지 이론이 있어도 만드는 재능이 없으면 무용지물이지."

웬일인지 영실은 이천 대감만큼 기뻐하지 않았다. 덤덤한 표정으로 다른 생각에 빠져 있었다.

"이보게, 안색이 왜 그래? 근심이라도 있는 건가?"

"대감, 자동 물시계를 속히 만들어야 하는데 아직 힘의 원리를 구하지 못하고 있습니다."

"어허, 일 욕심도 참! 몸 생각도 해야지. 한 가지씩 성공시켜 나가세."

"사람 손은 전혀 빌리지 않고, 오직 기계 스스로가 시각을 알리게 하고 싶습니다."

"스스로 시각을 친다면…… 자격루가 되는 겐가? 자네는 할 수 있을 걸세. 암, 해내고말고. 뭐든 나도 힘껏 돕겠네. 그러니 차근차근 연구를 하세나."

"대감이 계시니 항상 든든하옵니다. 쿨럭쿨럭."

귀국한 뒤로 쉬지 못한 영실은 여러 날째 고뿔을 달고 있었다.

"자네 한 몸에 얼마나 중한 일들이 달렸는데, 건강을 잃으면 어쩔 텐가? 오늘은 나를 따르게. 따뜻한 음식이라도 먹어야겠어."

이천 대감은 영실을 일으켜 세웠다.

영실은 밭은기침을 하며 경복궁 뜰을 걸었다. 광화문 가까이에 이르자, 문지기들의 높은 목청이 들렸다.

"나 원! 궁궐이 어디 김 대감이나, 이 대감네 집인 줄 알아?"

"한 번만 찾아봐 주이소. 남쪽에서 올라와 면천되고 벼슬도 받았다고, 저잣거리에 소문이 자자 하던데요?"

"걸핏하면 와서 사람을 찾아 달라니, 예끼! 말로 해선 안 되겠구먼. 매 맛을 봐야지."

"악! 아고, 고향 동생 찾는 게 무슨 죄라고. 장영실이라면 궐 안에서

다 알 낀데…….”
 문지기 옆을 지나치던 영실의 발이 딱 얼어붙었다.
 '저 말투는? 서, 설마?'
 "필구 형?"
 "여, 영실이 맞제? 맞네!"
 두 사람은 동시에 얼싸안았다. 이천 대감도 놀라 눈이 화등잔만 해졌다.

 영실과 이천 대감은 필구가 이끄는 대로 큰 음식점으로 따라갔다.
 필구는 떡 벌어지게 큰 상을 시켜 두 사람을 대접했다. 옷차림이나 저잣거리를 지날 때 필구를 아는

사람이 많은 걸 보고 짐작한 게 맞았다. 필구는 한양에 올라와 자리를 잡았다고 했다.

"내가, 한양 시전까지 와서 출세한 것은 전부 영실이 덕분이제. 니가 만들어 준 구리 비녀로 순심이 마음을 꽉 잡았다. 그라고, 노비한테는 절대로 딸을 안 준다고 길길이 뛰던 장인어른께는 니가 가르쳐 준 생선 말리는 방법을 알려 드렸거든. 그래서 큰돈을 벌게 된 뒤에 허락을 하셨다."

필구는 초량 상인의 딸과 결혼한 행운을 영실이 덕분이라고 말했다.

필구가 돕고부터 장사는 더욱 크게 번창했고, 장인

어른은 관노였던 필구를 속량*시켰다고도 했다.

"정말 잘됐어. 축하해, 형."

"허허, 영실이 온갖 재주가 많다곤 하지만 중매에도 뛰어나다는 건가?"

"아, 아닙니다. 필구 형이 저를 띄우느라 그럽니다."

"나는, 영실이 재주가 임금님께도 인정받을 줄 알았다!"

필구는 몇 번이나 같은 말을 하며 눈물을 훔쳤다.

"참으로 우정이 보기 좋구먼."

이천 대감도 흐뭇하게 두 사람을 바라보았다.

"우리는 하늘이 맺어 준 형제다. 그러니 한양에 같이 오게 됐제."

헤어질 때 필구는 친동생에게 하듯 영실의 등을 쓸어 주었다.

이천 대감과 나란히 운종가를 걸으며 영실은 한양의 하늘을 올려다봤다.

'북극성, 삼태성, 직녀성……'

동래 하늘에서 보던 별자리 이름을 하나씩 불러 보았다.

정든 별들이 영실의 부르는 소리에 깜빡거리며 대답했다.

밤바람도 어느 때보다 훈훈했다. 영실은 지쳤던 몸에 새 기운이 돌았다. 고뿔 기침도 한결 나았다.

---

* 몸값을 받고 노비의 신분을 풀어 주어서 양민이 되게 하던 일.

스스로 북 치고
저절로 종을 울려

영실은 공방과 서운관 서고를 오가는 날이 많아졌다. 명나라에서 구해 온 책들을 눈 감고도 외울 만큼, 보고 또 보며 연구에 몰두했다.

'비 오는 날이나 해가 뜨지 않는 밤에도 정확한 시간을 스스로 알리는 기구. 어떤 힘의 원리를 이용할까?'

영실이 밤낮으로 화두처럼 붙들고 있는 생각이었다.

자동 시계야말로 백성부터 임금에 이르기까지 시간을 알고 관리하는 데 없으면 안 될 물건이었다. 앞서 만든 경점을 바탕으로 중국서 공부한 것과 아라비아의 물시계 원리를 참고로 하되, 그것을 뛰어넘어 때가 되면 저절로 시각을 알려 주는 시계를 만드는 게 영실의 목표였다.

밤에 연구하고 궁리한 대로 낮에는 만들고 실험했다. 그런 날이 반복되면서 영실은 눈이 퀭하고 볼이 움푹 들어갈 정도로 몸이 축났다. 잠을 잊고 밥도 제때 못 먹은 탓이었다.

물 항아리만 청동으로 만들었다가 다시 물을 흘려보내는 대롱까지 한꺼번에 청동으로 만들었다. 큰 것과 중간치, 그리고 작은 물 항아리를 다시 만드는 게 벌써 몇 번째인지 몰랐다. 항아리의 크기와 높이에 따른 물의 압력을 몇 번이고 새로 계산해 냈다.

어려운 문제를 하나씩 뛰어 넘어 물시계를 만들었다. 영실은 이만하면 틀림없다고 내심 기뻐하며 시계를 지켜보았다.

"별좌 어른, 십이지의 열두 인형이 움직이지 않습니다."

하루 동안 물시계를 관찰한 시동이 조심스럽게 말했다.

"동력이 약해 자동 물시계는 실패구나!"

영실의 한숨이 땅을 푹 꺼지게 할 정도였다.

"자넨, 조선 하늘에 맞춘 혼천의도 만들지 않았나. 자동 물시계도 반드시 해낼 걸세."

이천 대감의 호방한 말투도 영실의 마음을 위로하지 못했다. 임금도 수시로 챙기며 기다리는 자격루인데, 실망이 컸다.

영실은 자신을 믿고, 주변의 따가운 질시를 막아 준 이천 대감께 면목이 없었다. 아직 능력이 미치지 못한 부분을 인정했다. 다시 서운관 서고에 틀어박혔다. 부족한 원리를 구하려 이 책, 저 책을 열심히 뒤졌다. 그러다 영실의 눈길이 낡은 책 한 권에 꽂혔다. 표지 아래 적힌 '장성휘'란 이름 석 자를 보는 순간 심장이 덜컹 내려앉았다. 기억의 밑바닥 속에 있던 아버지의 이름이었다.

'아버지가 쓴 책이란 말인가?'

영실은 떨리는 손으로 책장을 넘겼다. 하늘의 별자리와 일식을 관찰한 책이었다. 달과 별의 그림을 보고 또 보며, 글씨 한 자 한 자를 녹일 듯이 읽었다. 어느새 글자들이 아버지의 얼굴로 아버지의 모습으로 되살아났다.

열한 살이 되던 새해가 떠올랐다.

동래 관아에 일을 나가기 전, 어머니를 따라 처음으로 아버지를 보러 갔다. 이틀이 걸려 찾아간 솟을대문 집은 아버지가 신분 높은 양반인 것을 말해 주었다. 영실과 어머니는 대문 안으로 한 발짝 들여놓지도 못하고 쫓겨났다.

"천한 것들이 감히 여기가 어디라고?"

안방마님의 서슬이 정월의 칼바람보다 더 매서웠다.

"한 번만, 잠시 얼굴만이라도 뵙게 해 주십시오. 쇤네 마지막 소원입니다."

어머니가 문밖에서 눈물로 애원해도 대문은 열리지 않았다. 해가 져서야 행랑아범이 나왔다. 영실에게 동네 시끄럽다며, 어머니를 데리고 가라고만 했다.

영실은 차갑게 언 어머니의 손을 잡고 돌아섰다. 몇 걸음을 걷던 영실이 무엇에 끌린 듯 뒤를 돌아보았다. 높은 사랑채 누마루에 선 어른이

113

눈에 들어왔다. 훤칠한 키에 마른 몸피로 설렁줄*을 잡고 서 있었다. 단번에 아버지란 사실을 알 수 있었다. 아버지는 우리를 먼빛에라도 보려고 나온 모양이었다. 아버지는 우리가 보이지 않을 때까지 그 자리에 있었다. 그렇게 어렴풋한 모습이 아버지와 처음이자 마지막 만남이었다.

희미하게 기억되던 아버지였다. 영실은 뒤늦게 아버지를 만난 감격에 휩싸였다. 붓끝의 움직임과 생생한 글씨체에서 아버지의 숨결이 느껴졌다. 영실은 책을 가슴에 끌어안고는 어깨를 들썩이고 말았다. 책으로 아버지를 만나는 데는 누구도 막지 못했다. 천한 출신도 상관없었다.

시간이 얼마나 흘렀는지도 모른 채 영실은 책을 아버지처럼 꼭 껴안고 있었다.

"흠흠, 영실이 아직 여기 있는가?"

"……."

"무슨 책에 빠져서 불러도 모를 정돈가?"

이천 대감이 영실의 코앞으로 와서 말했다.

"대, 대감. 송구하옵니다. 예까지 찾아오셨습니까?"

영실이 놀라며 책을 손에 쥔 채로 인사를 했다.

"근데, 얼굴빛이 어째 그런가? 손에 들고 있는 책은 고려의 서운관 전서를 지낸 장성휘의 『월성록』 아닌가?"

"예? 대감께서도 이 책을, 제 아버님을 잘 아십니까?"

---

* 처마 끝 같은 곳에 달아 놓아 사람을 부를 때 잡아당기는 줄.

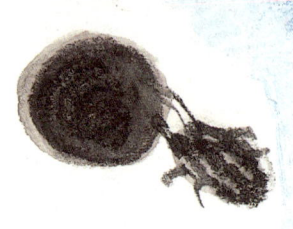

"지금 아, 아버님이라 했나?"

"장, 성자, 휘자 쓰시는 분이 틀림없는 아버지입니다."

"정말, 영실이가 그분의?"

이천 대감이 와락 영실의 어깨를 끌어안았다.

"장성휘 전서는 내가 존경하고 따르던 형님 같은 분이셨네. 역시 자네는 천문학의 핏줄을 타고났구먼! 이런 인연이 있을 줄은……."

이천 대감의 큰 눈에 물기가 고였다.

영실의 가슴 한쪽에 박혀 있던, 아버지를 원망하던 마음이 봄눈 녹듯 녹아내렸다. 그 자리엔 새롭게 아버지에 대한 존경심이 싹텄다. 아버지 뜻을 이어야겠다는 생각, 나라를 위해 보탬이 되어야겠다는 의지가 가슴에 가득 차올랐다.

"참, 전하께서 자격루 만드는 일에 최선을 다하라고 당부하셨네. 필요한 물품은 얼마든지 갖다 쓰도록 내, 상의원에 일러둘 테니. 일꾼들도 맘대로 불러다 쓰게."

항상 기운을 북돋워 주는 이천 대감이 한없이 고마웠다.

한 번 실패에 의기소침했던 기분은 어제로 끝이었다.

다음 날부터 영실은 공방으로 나갔다. 이천 대감의 말이 무색하게 영실은 세밀한 부속품부터 직접 구하고, 손수 만들었다.

영실이 대장간에 새로 맡긴 쇠구슬을 찾아서 목공소로 가던 길이었다.

길가 나무 그늘에서 잠시 다리를 쉴 때였다. 발밑에 뭔가 움직이는 게 있어 무심히 눈길이 갔다. 고개를 거꾸로 처박은 쇠똥구리가 뒷다리로 쇠똥을 굴리고 있었다. 약간 오르막이라 두 마리가 안간힘으로 쇠똥을 미는 중이었다. 영실은 안쓰러운 눈으로 쇠똥구리를 지켜보았다. 손으로 살짝 거들어 주려던 찰나, 그만 쇠똥이 또르르 굴러 내려왔다.

"저런!"

영실이 허리를 구부려 주우려는데 쇠똥이 마른 잎사귀에 걸려 멈추었다. 구르던 물체가 작은 장애물에 걸려 멈춘 것이다. 영실의 머릿속으로 한 가지 생각이 번개처럼 스쳤다.

"저거야! 힘의 조절!"

영실은 소리를 지를 뻔했다.

쇠구슬을 시간 단위로 고정했다가 움직이게 할 장치를 고심하던 중이었다. 바로 마른 잎사귀처럼 쇠구슬을 받쳐 줄 숟가락을 넣고 설계하면 되겠다는 확신이 들었다.

영실은 두 번 실패하지 않으려 자격루의 기초를 새로 구상했다. 이번에는 서고에서 고등 산법 책을 뒤졌다.

그동안 명나라에서 새로 들여온 책들이 꽤 많았다.『주비산경』,『계몽산』,『구장산술』을 응용하고 풀어 보길 반복했다. 한 치의 오차도 없는 정확한 설계도를 만들기 위해서였다.

그중 제일 어려운 산법을 풀이해 놓은 책을 발견했다. 책을 쓴 사람은 바로 서운관 이순지 대감이었다. 영실은 떨 듯이 이순지 대감을 찾아갔다.

"이론을 정리하신 책을 읽고 도움을 청하고자 찾아왔습니다."

"반갑습니다. 장 별좌를 돕는 일이 곧 조선의 과학을 발전시키는 일인데, 돕고말고요."

이순지 대감의 설명을 듣고 나서야 어렵고 복잡해서 알 듯 말 듯하던 원리가 선명해졌다. 영실은 빈틈없이 설계도를 작성했다.

완벽한 설계도만큼 영실의 손길에 신바람이 났다. 어쩐지 눈에 안 보이는 아버지가 등을 밀어 주고 이천 대감이 앞서고 이순지 대감까지 끌어 주는 느낌이었다.

막힌 원리를 해결하고 나니 자격루 만드는 일은 물 흐르듯 착착 진행이 되었다. 영실은 공방에서 나무 기둥, 청동 물 항아리, 열두 가지 인형들 사이에서 쪽잠을 자며 혼신을 다했다.

세종은 영실 몰래 공방 근처까지 와 보기도 했다. 그런 날은 음식과 술을 내려 보내며 노고를 달래 주었다.

다시 만든 자격루 물시계를 선보이는 날이었다. 경회루 남쪽 보루각으로 세종의 뒤를 이어 조정의 대신들이 모여들었다. 더러는 반신반의하는 표정이고, 또 다른 사람은 설마하니, 저절로 시각을 알릴까 의심에 찬 얼굴도 보였다. 그러나 섣불리 입을 떼는 사람은 없었다. 기침 소리조차 내지 않고 모두 물시계에 시선을 고정시켰다. 물 항아리에서 졸졸 졸 물 흐르는 소리만 들렸다. 이윽고 오시*가 되자, 말 인형이 뛰어나오더니 징과 북을 쳤다.

둘러선 모든 대신들의 눈과 입이 한꺼번에 벌어졌다. 어떤 이는 잘못 봤나 싶은지 눈을 비볐다. 나이 든 대신들 중에는 귀를 후비기도 했다.

"정녕 신기한 물건이로고! 훌륭한 솜씨로다. 과인은 이렇게 스스로 북 치고 종 치는 시계를 사람 손으로 만들었다는 말은 듣지도 보지도 못했다."

세종은 감탄을 아끼지 않았다.

---

* 오전 열 시부터 오후 한 시까지의 시간.

"실로 기발한 물시계이옵니다. 우리 조선이 아니고는 다시없을 귀한 보배이옵니다."

황희 정승도 놀라움을 감추지 못했다.

"장영실의 공이 실로 높고도 크도다. 어디 자격루뿐인가? 혼천의를 만든 덕분에 조선의 별자리를 관측하여 새롭게 조선의 역법을 만들게 되었으니, 그 공로가 크도다."

세종이 거듭 영실의 공을 치하했다.

"황공하옵니다. 전하! 미천한 소신을 믿고 일을 맡겨 주신 덕분이옵니다."

비로소 해냈다는 감격에 영실은 벅찬 목소리로 아뢰었다.

"이 모두가 전하의 홍복*이시옵니다."

몇몇 대신들은 늘 그렇듯 영실의 공적을 쏙 빼고 말했다.

자격루 인형이 종을 치면, 그 신호로 광화문 종루에서 큰 북과 징을 쳤다. 백성들에게 널리 시간을 알렸다. 도성의 문들이 일제히 열리고 닫히는 것도 자격루 시각에 따랐다.

세종은 영실이 세운 공에 걸맞는 벼슬을 내리려고 했다. 그러자 또다시 조정에서는 반대가 빗발쳤다.

"아니 되옵니다. 영실의 공이 있다고 하나, 노비 신분을 면천한 것만으로도 충분합니다."

---

* 큰 행복.

"이순지의 도움과 이천 대감의 힘을 합해 만든 것인데, 어찌 장영실의 공이라 하옵니까?"

듣고 있던 이천 대감이 주먹을 불끈 쥐며 나섰다.

"자격루는 오롯이 장영실이 만든 것입니다. 저는 이론서를 찾아 주고, 몇 마디 조언을 보탰을 뿐입니다. 통촉하소서."

이천 대감은 문무관 벼슬을 두루 거치며 나라의 중책을 맡고 있던 터라 자격루를 만들 때는 외지에 나가 있었다.

"이천 대감의 격물 이론이 받쳐 주지 않았다면 장영실은 자격루를 성취시키지 못했을 것이옵니다."

"전하! 장영실에 대한 편애가 심하시옵니다."

끈질긴 반대였다. 듣다 못한 세종이 근정전이 쩌렁쩌렁 울리게 언성을 높였다.

"백성을 이롭게 하려는 과인의 뜻을 실천해 낸 자가, 장영실 말고 또 누가 있는가?"

대신들은 눈치를 살피며 연신 헛기침만 할 뿐이었다.

"그럼, 좋소. 조선에서 자격루를 만들 수 있는 사람이 있다면, 과인은 누구라도 벼슬을 줄 것이오. 자신 있는 자들은 만들어 보시오."

그제야 대신들이 더 이상 토를 달지 않았다. 세종의 뜻대로 영실은 정4품 호군직을 수여받았다.

푸른색 도포

"장 호군의 인물이 이리 잘났던가?"

이천 대감이 짐짓 농담을 했다. 영실은 이제 궁궐 안팎에서 성씨에 벼슬 이름을 붙여서 불리기도 했다.

"쑥스럽습니다. 이런 옷을 입으면 누구라도 그리 보입니다."

영실도 농담조로 대답했다. 영실은 품계에 따라 푸른 도포를 입게 되었다. 술띠를 둘러맨 도포가 어색해서 남의 옷을 빌려 입은 몸짓이었다.

"비단 도포가 이리 잘 어울리는 사람을 일찍이 못 봤네. 저기 지나가는 사람들이 모두들 자네만 쳐다보지 않는가? 같이 걷는 나는 영 돌멩이 보듯 하는구먼."

이천 대감은 제자 겸 조카 같은 영실이 무척 자랑스러웠다. 종로통 큰길에서 외쳐 대고 싶은 심정을 이렇게 표현하는 것이었다.

영실이 붉어진 얼굴로 어쩔 줄 몰라 하는데 때마침 필구가 마주 걸어왔다.

"와아, 영실이가 맞나? 저잣거리가 훤합니다요. 호군 나리!"

필구도 역시 영실의 바뀐 차림새를 보고는 축하부터 했다. 마치 자신이 벼슬을 받은 듯 코를 벌름대며 들떠 있었다. 영실의 소식을 전해 들은 필구가 한사코 승진 턱을 낸다며 두 사람을 초대한 참이었다.

"아니, 이렇게 음식을 차리느라 기둥뿌리를 뽑아 판 것은 아닌가?"

이천 대감이 상다리가 휘어지게 차려진 잔칫상을 보고 말했다.

"기둥뿌리보다 더한 것도 팔고 싶은데, 마, 그럴 필요도 없었습니다. 시전에서부터 난전 장사꾼들까지 영실을 아는 사람들은 모두 축하 선물을 들고 왔다 아입니까."

"호오, 마침내 영실의 인기가 하늘을 찌르게 생겼군."

"사람들이 하는 말이 천노 신분이던 영실이 호군 벼슬까지 받았다는 사실이 자기일만치 기쁘다 그러대요. 그리고, 학문만 하는 선비보다 백성들 잘살게 해 주는 선비라서 더욱 좋아하는 거라요."

필구 말에 영실은 어깨가 무거워졌다.

'임금님부터 저잣거리 백성에게까지 이로운 기물을 만들자. 유익한 과학 기기를 발명해서 사람들이 이용하게 된다면 더 이상 바랄 게 없어.'

영실은 누구보다 백성들의 고충을 잘 알고 있었다.

"그럼, 장 호군 덕분에 호강 좀 해 보세. 자, 어서 먹으세."

이천 대감의 호쾌한 목소리가 흥을 돋웠다.

낯모르는 사람들의 축하 선물과 격려로 차려진 상 앞에서 영실은 사명감을 느꼈다. 그런 사명감이 어느새 뜨거운 열정으로 가슴에 불을 붙였다.

영실은 해야 할 일들을 착착 계획해 나갔다.
대간의와 소간의를 만들 계획을 세우고, 해시계도 단점을 고쳐 새로

만들고 싶었다. 밤이면 별을 보고 북측 고도를 측정하는 일도 빠트리지 않았다.

하루 종일 공방에서 보낸 영실이 서운관 천문대로 향할 때였다.

"장 호군께서는 어전으로 드시라는 전갈입니다."

대전 내관이 영실을 불러 세웠다.

"전하께서는 저녁까지 대전에 계시옵니까?"

영실이 내관을 뒤따르며 물었다.

"전하께서 서책을 보시면 밤이 깊은지 날이 새는지도 모르시지요."

"신하 된 자로서, 참으로 송구하옵니다."

영실은 더 이상 할 말을 찾지 못했다. 공부하는 임금을 대할 때마다 늘 자신을 다잡을 뿐이었다.

대전 문은 활짝 열려 있었다. 세종은 서안에 앉아 하나둘 뜨는 저녁별을 바라보는 중이었다.

"전하, 부르셨사옵니까?"

"오! 장 호군. 어서 오시오. 오늘은 나와 함께 별을 보는 게 어떻겠소?"

"전하, 옥체를 보살피소서. 천체 관측은 저와 서운관에서 할 일이옵니다."

"책을 오래 봤더니, 눈이 피로해서 잠시 별을 보며 눈을 쉬는 것이오."

끊임없이 책을 보는 세종은 눈병이 자주 났다.

"책 보는 시간을 줄이셔야 합니다."

"임금으로서 그럴 수는 없는 일이오. 책 보는 걸 말리지 말고, 장 호군이 이천 대감과 힘을 합해 눈이 피곤치 않은 글씨체를 만들어 주는 건 어떻소?"

세종은 밤하늘에서 눈을 거두고, 서안에 놓인 책을 펼쳤다. 책을 펼쳐 든 채로 나인이 놓고 간 다과상 앞으로 옮겨 앉더니, 영실에게 책의 활자를 짚어 보였다.

"경자년에 만든 활자로 찍은 것인데, 인쇄가 선명하지 못해 눈이 쉬 피로하오."

영실은 글꼴을 자세히 살펴보았다.

"글자 획이 마모되어 뭉툭하고 글자 간격도 고르지 않아 보입니다."

"처음에는 글씨체가 매끈하고 괜찮았으나, 여러 번 인쇄를 하니 이 지경이 되었소. 장 호군은 한 가지를 응용해서 열 가지를 창조하는 사람이니 만들 수 있을 것이오."

"예. 소신이 최선을 다해 새로운 활자를 만들겠사옵니다."

"인쇄가 발달해야 책을 많이 찍을 터이고. 책이 많아져야 백성들도 지혜를 쉽게 얻을 것이오."

정말 백성을 아끼고 위하는 임금이었다. 백성들의 책 읽기까지 신경 쓰고 배려한 임금은 일찍이 들어 본 적이 없었다.

대전에서 물러 나온 영실은 마음이 급했다. 한눈에 들어오는 아름다운 글씨체를 찾고, 활자는 어떤 금속으로 만들어야 될지 머릿속이 바빴다.

책은 양반들에게도 무척 귀한 것이었다. 시전 책방에서 거래되는 『대학』이나 『중용』 한 권 값이 쌀 한 가마와 맞먹는 가격이었다.

'천한 상놈이든 귀한 양반이든 누구나 책을 쉽게 구해 읽는다면, 스승 없이도 학문을 닦고 지혜를 얻을 것이다.'

영실은 초은 스님 암자에서 책을 맘껏 볼 수 있었던 어린 시절을 떠올렸다. 자신처럼 공부할 수 있는 행운은 극히 드문 일이었다. 좋은 활자로 많은 책을 찍어 내는 일이야말로 백성들에게 큰 혜택이 될 것이다.

영실은 활자를 만들기 위해 대장간에서 소매를 걷어붙였다. 쇳물을 녹이고 쇠 성분을 분석하기에 여념이 없었다. 동래현에서부터 대장간 일을 했던 영실이었다. 어머니에게 잘 부러지지 않는 바늘을 만들어 줬고, 필구 색시에게는 구리 비녀를, 명나라에서 흠천감 부감에게는 금속 보철까지 만들어 주었다. 그간의 경험을 모두 되살려 활자 만드는 일에 힘을 쏟았다.

그러나 문제는 활자를 만드는 금속의 비율이었다. 가장 적합하게 조합을 해내는 일은 노력과 시간이 필요했다.

영실은 이천 대감의 도움이 절실했다. 그사이 이천 대감은 태평관 개축 도감이라는 나랏일을 맡고 있었다. 영실은 틈을 내서 건축 현장으로 이천 대감을 찾아갔다.

이천 대감의 모습이 미처 보이기도 전에 크고 우렁우렁한 목소리가 들려왔다.
　이런 일을 할 때면 이천 대감은 무관 기질을 잘 드러냈다. 병조 참판으로 군사들을 지휘할 때도 그랬지만, 큰일을 맡으면 마치 용맹한 호랑이 같았다. 맡은 일의 성격에 따라 소처럼 우직한 뚝심을 보이다가, 어느 땐 영락없는 선비였다. 천문이나 서운관 일을 할 때면 꼼꼼하기가 물샐 틈조차 없었다.
　"활자를 새로 만들라는 전하의 분부를 받고 내일쯤 자네를 만나러 갈 참이었는데, 내 마음을 알고 먼저 와 주었구먼. 껄껄!"

"소인 혼자서는 힘에 버거울 뿐 아니라, 시일이 너무 걸릴 듯해서 달려왔습니다."

"잘했네. 활자는 무기나 연장을 만드는 쇠와는 달라야 하니, 질 좋은 금속부터 마련하세."

"예! 무쇠, 구리, 아연, 납 등을 녹여 이래저래 섞어 보는 중입니다. 다른 기물보다 활자는 여간 까다로운 게 아닙니다."

"쇠의 성질을 훤히 꿰는 장 호군이 못할 일이 무에 있나?"

이천 대감은 언제나 그렇듯 영실을 믿고 격려했다.

"물이나 먹물을 견디려면 녹이 슬지 않는 구리를 써야 하나 구리는 강하지 않습니다. 또한 활자를 배열할 방법도 해결해야 합니다."

영실은 이천 대감과 새로운 기물을 의논할 때면 신명이 솟아났다. 나이 차이도 신분의 높고 낮음도 다 잊었다. 두 사람은 눈빛에서 광채를 쏟아내며 새로운 생각을 서로 나누었다. 세상에 없는 물건을 처음 만들어 내는 보람과 기쁨도 함께 누렸다.

이천 대감이 태평관 일을 마무리하고 대장간에 나와 함께 소매를 걷어붙였다.

영실은 이천 대감과 쇠를 분석하고 수십, 수백 가지 방법으로 쇠의 비율과 혼합하는 실험을 거쳤다. 차츰 활자가 더 나은 모습을 갖추었다. 서체를 고르는 데도 심혈을 기울였다. 두 사람은 동서고금의 책들을 뒤져 아름다운 글씨체를 찾았다. 획이 날카롭지 않으면서 선명한 글꼴은 영실이 정했다. 마지막으로 머리를 싸맨 과제는 밤톨 같은 활자를 배열하는 방식이었다.

영실은 새로 만든 활자로 또다시 무수한 실험을 했다. 이전 방식대로 밀랍에 활자를 심어서 조판*하면 시간이 너무 걸렸다. 활자가 움직여 글이 들쭉날쭉하기 일쑤였다. 조판 방식에 따라 활자의 밑면을 뾰족하게 하거나 편평하게 만들어야 했다. 영실은 온갖 방법으로 인쇄 연습을 했다. 실험 끝에 활자 밑면을 평면으로 만들었다.

그렇게 태어난 활자의 이름을 갑인자**로 불렀다. 갑인자로 맨 처음 찍은 책은 『대학연의』였다.

영실은 이천 대감과 임금 앞에서 갑인자로 찍은 책보자기를 풀었다. 세종은 첫 책을 보물처럼 받아 들었다.

"글씨체부터 아주 훌륭하구나. 그대들의 노고가 매우 크다."

"황공하옵니다."

영실과 이천은 또 한 가지를 해냈다는 성취감에 그간의 고생을 잊었다.

"장 호군은 이 활자의 장점을 설명해 보시오."

"예, 전하. 인쇄할 때마다 활자가 흔들려서 글이 비뚤어지는 단점을 바로잡았고, 특히 갑인자는 하루에 사십여 장씩 찍어 낼 수 있사옵니다."

"오, 그런가! 책을 손쉽게 많이 만들면 더욱 많은 사람들이 책에서 지

---

* 원고에 따라서 골라 뽑은 활자를 원고의 지시대로 순서, 행수, 자간, 행간, 위치 따위를 맞추어 짜는 일.

** 조선 세종 16년(1434) 갑인년에 만든 구리 활자. 이천, 김돈, 장영실 등이 왕명으로 『효순사실(孝順事實)』, 『논어』 따위를 글자본으로 하여 만든 것으로 활자는 현존하지 않고, 인쇄본으로 『신간대자부음석문삼주』 1권이 전해짐.

혜를 깨우칠 수 있겠구나."

"장 호군의 노력이 열매를 맺은 것이옵니다."

"아니옵니다. 이 모든 것은 이천 대감께서 이끌어 주신 결과이옵니다."

"정녕, 두 사람은 조선의 별이오. 사제지간의 모습이 참으로 빛나는구나."

세종은 흐뭇한 얼굴로 영실과 이천 대감을 바라보았다.

새 활자를 만들고 나서 가장 바쁜 곳은 주자소˚였다. 책을 좋아하는 세종은 여러 가지 책을 새로 만들라는 주문을 수시로 했다. 천문과 역법에 관한 책도 많이 찍게 되었다.

---

* 조선 시대에, 중앙에서 활자를 만들어 책을 찍어 내던 부서. 태종 3년(1403)에 설치하였는데, 처음에는 승정원에 속하였다가 세조 6년(1460)에는 교서관에, 정조 6년(1782)에는 규장각에 속함.

귀신도 못 만들 옥루

영실은 이천 대감과 손발을 맞춰 연달아 과학 기기들을 제작해 냈다.

경회루 주변에는 천문 관측기구들이 자리를 잡았다. 조선의 천문대인 간의대도 설치했다. 돌난간을 높다랗게 쌓고 그 위에 대간의, 소간의, 앙부일구, 일성정시의[*], 규표를 두었다.

천대와 멸시에 찬 눈빛으로 영실을 보던 사람들도 간의대는 우러러 봤다. 서운관과 관련 없는 조정 대신들도 경회루 쪽으로 자주 발걸음을 했다. 여러 과학 기기들을 보기 위해서였다. 언제부턴가는 명나라 사신들이 오면 반드시 경회루 주변을 구경하고 돌아갔다.

세종도 시간만 나면 경회루 근처로 산책을 나왔다.

"명실공이 간의대는 조선의 자존심입니다. 과인은 이곳에 오면 마음

---

* 조선 세종 19년(1437)에 만든 시계로, 밤낮으로 시각을 잴 수 있도록 함.

이 흡족해진다오."

영실은 임금의 뜨거운 관심에 목이 메었다.

영실을 시기하던 사람들도 자격루 앞에 서면 저절로 탄복하곤 했다. 하지만 모든 사람들의 칭찬에도 영실은 만족하지 않았다. 자신의 능력을 다시 시험해 보고 싶었다. 세상에 다시없을 창조품을 만들 계획을 차근차근 세우고 있었다. 그간 쌓은 경험과 연구를 총집합하고 혼신을 다 바쳐 기어이 옥루를 탄생시켰다.

옥루는 영실이 만든 모든 과학 기물들을 합친 것 이상으로 정교했다. 그 누구도 상상조차 못한 영실만의 발명품이었다.

해와 달이 실제로 돌아 낮과 밤이 바뀌고, 사계절까지 나타냈다. 네 명의 선녀와 열두 지신이 시간에 따라 움직였다. 이뿐 아니라, 실제로 농부가 철 맞춰 농사짓는 모습도 보여 주었다.

"오! 하늘 아래에 다시없을 귀한 발명품이로다. 역시 영실의 솜씨는 귀신도 못 따를 것이오."

옥루를 보던 날, 세종은 기쁨을 주체하지 못하고 찬탄을 연발했다. 세종은 영실의 벼슬을 다시 더 높여 주었다.

"장영실을 대호군 종 3품에 명하노라."

영실은 꿈만 같았다.

"과인이 수시로 옥루를 볼 수 있도록 내 침전 옆에다 흠경각을 짓고, 그곳에 옥루를 두도록 하시오."

"성은이 망극하옵니다."

영실은 어전에 엎드린 채 일어날 줄 몰랐다. 그 순간 영실의 눈앞에 지난 시절들이 쥘부채 펼쳐지듯 주르륵 떠올랐다.

철이 들자마자 노비라는 신분을 받아들여야 했던 어린 시절, 남들보다 뛰어난 손재주가 칭찬보다 흉이 되었다.

"용빼는 재주가 있어도 천출이고 비천한 노비일 뿐이지."

"천것이 똑똑해 봤자 양반이 될 거야, 벼슬을 할 거야!"

어린 영실이 가장 듣기 싫은 말을 사람들은 무시로 지껄였다. 잘한 일에도, 못한 일에도 언제나 마지막 말은 똑같았다. 천한 관기의 아들이니까 분수를 알라는 것이었다.

그러나 이제 영실은 그 어떤 양반들보다 벼슬이 높아졌다.

'어머니, 이 몸을 낳아 주셔서 참으로 감사드립니다.'

영실은 마음으로 멀리 동래현을 향해 절을 올렸다.

과중한 업무로 세종의 건강이 눈에 띄게 나빠지자, 모든 대신들이 걱정하기 시작했다. 임금을 쉬게 하는 방법으로는 온천 나들이만한 게 없었다.

"주상 전하의 눈병이 도지셨다 합니다. 가까운 온천에 다녀오도록 주청을 드립시다."

"그래요. 온천에 행차하시는 동안은 독서도 못하시겠지요."

대신들의 강력한 권유로 세종은 온천으로 요양을 떠나기로 했다.

"이번 행차에 맞춰 전하의 가마를 새로 만들면 어떨까요?"

"그거 좋은 생각입니다. 튼튼하게 만들어 전하께서 자주 사용하시게 합시다."

"두말할 것 없이 가마 제작도 장 대호군이 맡아야겠지요?"

"암요! 당연하지요."

모처럼 대신들은 의견이 맞았다.

영실은 임금의 나들이용 가마 만들기에 온 힘을 바쳤다. 최고의 가마를 만들어 임금의 바다 같고 하늘 같은 은혜에 보답하고 싶었다.

정교하고도 까다로운 옥루를 만드는 것에 비한다면 가마는 만들기가 어렵지 않았다. 그러나 쉬운 일에도 공을 들였다. 쇠바퀴도 튼튼하게 만들고, 특히 임금이 앉을 좌석은 더욱 편안하게 고안했다. 영실은 이번 가마를 임금께 바치는 선물이라 여겼다. 오로지 임금만 사용할 가마이기에 갑절로 정성을 기울였다.

"튼튼하면 아름답기가 어려운데 역시 자네가 만드니, 두 가지를 모두 충족시킨 특별한 가마구먼."

이천 대감이 완성된 가마를 이리저리 살피며 만족해했다.

세종이 온천에 가는 날은 화창했다. 가까운 인왕산은 분홍 꽃으로 수놓인 한 폭의 그림 같았다.

세종이 가마에 오르자 가마는 더없이 훌륭해 보였다. 양옆으로 장식한 황룡 두 마리는 임금의 위엄을 한층 드높였다.

영실은 임금을 태운 가마 행렬이 광화문 밖으로 나갈 때까지 배웅을 했다.

그런데 해가 서쪽으로 기울기도 전이었다. 임금을 호위하고 떠났던 군졸들이 영실을 부르며 들이닥쳤다.

"가마가 부서져 전하께서 다치셨다!"

"뭣하느냐? 빨리 장영실을 끌고 나오너라!"

영실은 아버지가 남긴 책을 읽고 있다가 영문도 모른 채 끌려 나갔다.

"저, 전하께선 얼마나 다치셨나?"

영실은 오로지 임금이 걱정되었다.

다행히 다친 데는 없었지만 임금이 몹시 놀랐기에 어의가 달려갔다. 궐 안이 한바탕 소란에 휩싸였다.

영실은 부서진 가마를 보고는 망연자실 할 말을 잃었다. 정성을 쏟아 부은 가마가 반나절도 못 견디고 부서졌다는 사실이 믿기지 않았다.

어의가 임금의 진맥을 마치기도 전에 대신들이 몰려들었다.

"장영실을 내쳐야 합니다!"

"장영실을 역적으로 다스리소서!"

"전하! 장영실에게 큰 벌을 내리시옵소서!"

그간 영실의 벼슬이 높아질 때마다 반대했던 대신들이 이때다 하고 목청껏 외쳐 댔다.

"전하! 진상을 살펴 가마가 부서진 원인을 찾아 주십시오."

이천 대감이 달려와 눈물로 아뢰었다.

"이천 대감도 눈이 있으니 부서진 가마를 봤을 텐데, 그런 말을 하오?"

"전하께서 참변을 당할 뻔했는데도 장영실을 두둔하시오?"

대신들이 한꺼번에 이천 대감을 공격하고 나섰다.

"이럴 수는 없습니다. 그간 장영실이 이룬 공을 모르십니까?"

이천 대감이 물러서지 않고 울부짖었다. 그럴수록 대신들은 더욱 사납게 달려들었다.

영실은 결과를 받아들이기로 결심했다. 자신의 잘못이 아니더라도, 더 이상 이천 대감과 임금을 곤란하게 할 수는 없었다. 어쨌든 가마를 만든 자신이 책임을 지는 게 맞다고 생각했다.

"전하! 소인을 벌하여 주옵소서."

영실이 어전으로 나가 엎드렸다.

"과인이 다치지 않았고, 장영실이 고의로 한 일은 아니니 진정들 하

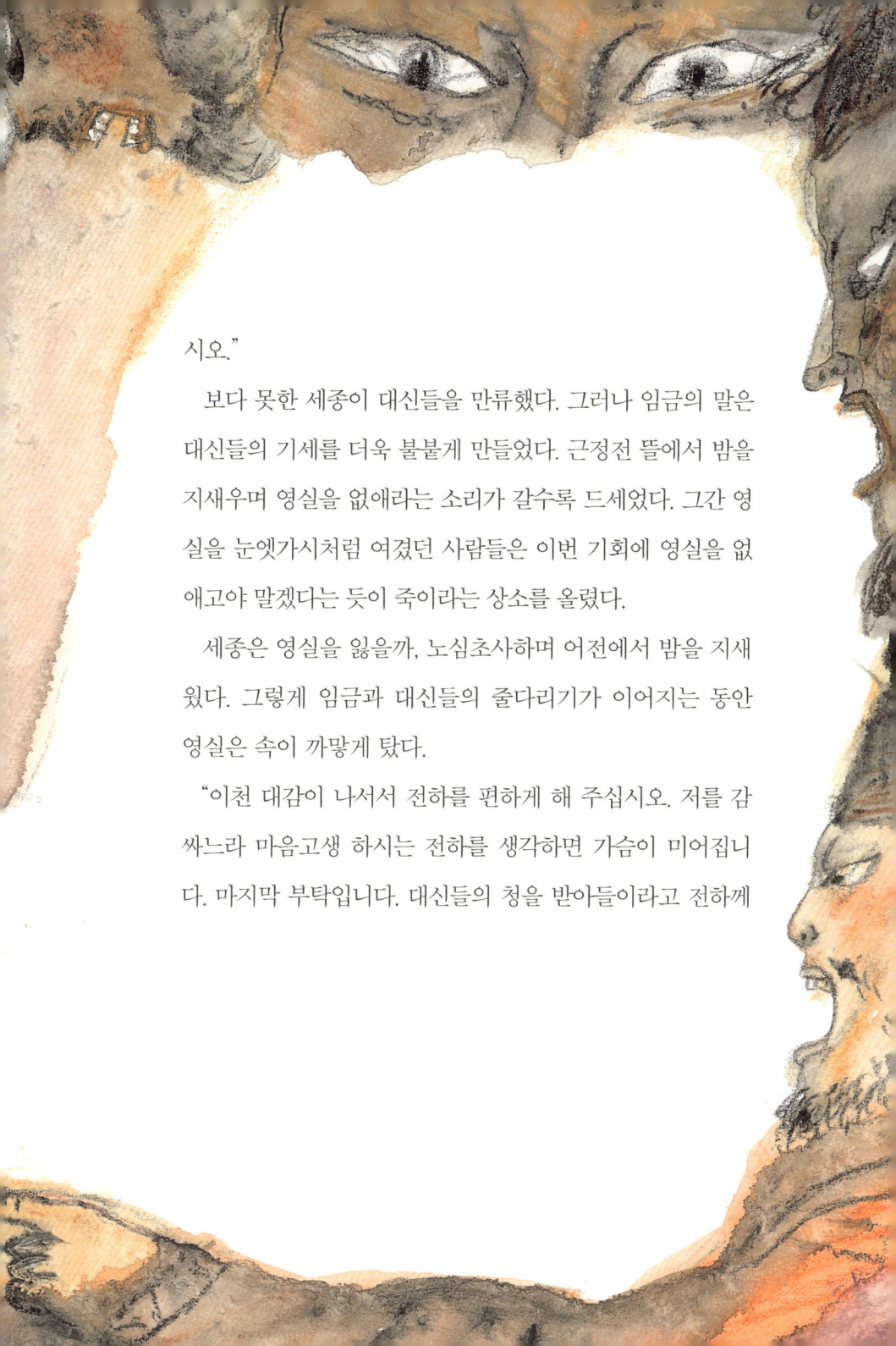

시오."

 보다 못한 세종이 대신들을 만류했다. 그러나 임금의 말은 대신들의 기세를 더욱 불붙게 만들었다. 근정전 뜰에서 밤을 지새우며 영실을 없애라는 소리가 갈수록 드세었다. 그간 영실을 눈엣가시처럼 여겼던 사람들은 이번 기회에 영실을 없애고야 말겠다는 듯이 죽이라는 상소를 올렸다.

 세종은 영실을 잃을까, 노심초사하며 어전에서 밤을 지새 웠다. 그렇게 임금과 대신들의 줄다리기가 이어지는 동안 영실은 속이 까맣게 탔다.

 "이천 대감이 나서서 전하를 편하게 해 주십시오. 저를 감싸느라 마음고생 하시는 전하를 생각하면 가슴이 미어집니다. 마지막 부탁입니다. 대신들의 청을 받아들이라고 전하께

고해 주십시오. 전하께 입은 은혜를 생각하면 저는 열 번 죽어도 목숨이 아깝지 않습니다."

　영실은 이천 대감에게 눈물로 진심을 호소했다. 영실의 손을 부여잡은 이천 대감의 눈에서도 하염없이 눈물이 흘렀다.

달과
별처럼

 봇짐을 멘 영실은 육조 거리로 향했다. 따가운 햇볕이 사정없이 내리쬐는 거리에는 가마꾼들의 길 비키라는 외침이 여전했다. 영실은 천천히 눈을 들어 관청들을 둘러보았다. 처음 이곳에 왔던 날이 생각나 눈에 이슬이 맺혔다. 발걸음이 더딘 영실이 종종거리는 행인들과 부딪치며 휘청거렸다.

 영실은 옥에 갇혔다가 곤장 팔십 대를 맞았다. 대신들은 곤장 백 대를 쳐야 한다고 주장했지만 세종이 팔십 대로 결정을 내렸다. 영실은 장독*이 퍼져 죽을 고비를 넘기기도 했다. 어느 정도 건강을 회복했다고 여겼으나 몸이 예전 같지는 않았다.

 경복궁이 가장 잘 보이는 곳에서 영실은 걸음을 멈췄다. 임금이 머무

---

* 장형으로 매를 심하게 맞아 생긴 상처의 독.

는 전각을 눈짐작으로 우러르며 절을 했다. 한 번, 두 번, 세 번, 네 번 정성껏 사배를 올렸다.

천천히 일어선 영실은 바지에 묻은 흙먼지를 털고 길을 재촉했다. 길모퉁이 어느 전각의 배롱나무에서 매미가 목청껏 울어 댔다. 영실의 귀에 매미 소리는 임금의 애절한 음성으로 들리다가, 이천 대감의 목소리처럼 시원하게 들렸다.

육조 거리를 빠져나온 영실은 종각을 지나 혜정교 쪽으로 향했다. 혜정교 입구의 앙부일구 앞에는 시간을 알려는 사람들로 북적거렸다.

"좀 비켜요. 우리 색시가 삼대독자를 낳았다고요. 시각을 정확히 알아 둬야 해요."

땀을 뻘뻘 흘리며 뛰어온 젊은이 말에 사람들이 길을 비켜 주었다.

먼 길을 온 듯한 패랭이를 쓴 장사꾼도 해시계를 보곤 느긋하게 웃음

을 지었다.

"발걸음을 빠르게 놀렸더니 약속한 신시*에 늦지 않게 도착했어."

해시계를 보는 백성들 틈에서 영실은 누구보다 흐뭇한 미소를 지었다.

'그래, 사람들에게 시간을 찾아 주었어. 내 능력을 만인을 위한 일에 썼으니, 이만하면 부끄럽지 않게 살았어!'

시각을 알고 활기차게 움직이는 사람들을 보며 영실은 스스로를 칭찬했다.

주머니에서 작은 앙부일구를 꺼낸 영실이 시각을 다시 확인했다. 필구가 가르쳐 준 마포 나루에 늦지 않게 가기 위해서였다.

중간에 한 번 더 앙부일구의 나침반으로 방향을 보고는 마포 나루에 당

* 오후 세 시에서 다섯 시까지의 시간.

도했다. 필구네 점포는 찾기가 쉬웠다. 필구 말대로 점포 앞에는 영실이 깎아 준 커다란 물고기 모형이 걸려 있었다. 영실은 혼자 빙그레 웃음을 짓고는 안채로 들어갔다.

밖에서 보기와는 다르게 여각*을 겸한 안채는 꽤 넓었다. 정갈한 뜰을 지나자, 강이 훤히 보이는 마당 끝에 누마루가 있었다.

영실을 반긴 사람은 뜻밖에도 이천 대감이었다.

"이 사람, 장 대호군 어서 오게나."

"대감께서도 이곳까지 걸음을 하셨습니까?"

"허허허! 이 집 주인과는 나도 자네 못지않게 친한 걸 몰랐던가? 저기 남쪽 동래 땅에서 장영실이란 아이와 함께 만났으니…….''

거기까지 말하던 이천 대감이 말끝을 흐리고 말았다.

때마침 필구와 함께 고운 여인이 다가왔다. 바로 순심이었다.

"참으로 오랜만에 뵙습니다. 대호군 나리."

필구 댁이 고개를 깊이 숙여 인사를 했다. 여인의 뒷머리에 꽂힌 비녀가 영실의 눈길을 끌었다. 동래를 떠나오면서 필구에게 만들어 줬던 비녀였다.

영실의 눈길을 느낀 필구 댁이 비녀를 만지며 말했다.

"이 비녀는 저희 부부의 보물이지요."

영실이 잠시 옛날 생각에 젖어든 사이 이천 대감이 말했다.

"하늘 아래 다시없는 귀물을 보니 샘이 납니다, 그려."

---

* 연안 포구에서 상인들의 숙박, 화물의 보관, 위탁 판매, 운송 따위를 맡아보던 상업 시설.

"대감 어른께서 아무리 샘을 내셔도 비녀는 안 되옵고, 다른 정성을 받으십시오."

필구 댁의 말과 함께 음식상이 들려 나왔다.

"자, 장 대호군부터 한잔 받으시게. 많은 세월이 흘렀어도 자네 눈빛은 동래현에서 처음 봤던 그대로야. 옷은 꾀죄죄하고 몸은 비루먹은 망아지 같았는데도 그 영롱한 눈빛이 나를 사로잡았지."

"저도 대감을 처음 본 날 그때까지 봐 왔던 숱한 양반들과는 다르게 천한 놈을 사람대접하는 양반도 계시는구나, 싶어 살맛이 났지요. 그 뒤론 양반을 무조건 싫어하지 않았습니다."

"우리는 하늘이 맺어 준 인연이지. 대호군 장영실이 없었다면 내 뜻도 펼칠 수가 없었을 게야. 자네 손으로 이룬 업적은 영원히 남을 것이네. 천년이 흘러도 장영실의 이름은 잊혀지지 않을 것이야."

이천 대감이 영실의 손을 잡았다. 눈엔 눈물이 고였지만 얼굴은 웃었다.

"영실이가 내 동무이고 동생인 것이, 억수로 행복하다."

필구가 옛날처럼 말했다.

"필구 형! 참말로 고마우이. 내겐 하나뿐인 형님이지."

필구 댁이 과실과 찻상을 내오는 바람에 동래 시절 추억에 빠져 있던 세 사람이 현실로 돌아왔다.

"모자란 것은 없는지요?"

"구리 비녀 하나에 넘치는 대접을 받았습니다."

영실이 모처럼 환한 얼굴로 인사를 했다.

어느새 누마루 위에도 어둠이 내려앉았다. 강물도 차츰 먹빛이 되어 잔잔히 흘렀다.

이천 대감이 주위를 둘러보더니 먼 데를 향해 손짓을 했다.

잠시 후, 두 명의 군졸이 이천 대감 앞에 와서 허리를 숙였다.

"일러둔 대로 시행을 하라."

이천 대감의 명령이 떨어지자, 군졸들이 어둠 속으로 사라졌다. 그사이 이천 대감은 작은 보퉁이 하나를 영실에게 건넸다.

"땅이 둥글다는 건 자네가 잘 알고 있을 터, 어떤 세상으로든 가서 못다 풀어낸 자네 꿈을 마음껏 펼치게. 여기 넣어 둔 것들은 도움이 될 걸세."

"대감의 은혜를, 이 세상에서는 도저히 못 갚을 것이옵니다."

"자네와는 저세상에서도 다시 만나고 싶네."

이천 대감의 목소리가 젖어 들었다.

"저도 다음 세상에서 대감을 만나 지금은 상상도 할 수 없는 편리한 과학 기기들을 만들어 내고 싶습니다. 세상에 둘도 없는 유일한 것을 만들어 세상을 놀라게 할 것입니다."

"암! 꼭 그러세."

그사이, 군졸들이 다시 와서 허리를 꺾고 아뢰었다.

"분부대로 거행했사옵니다."

"알았다."

이천 대감의 대답에 필구가 먼저 일어나더니, 영실의 발아래 새 갓신을 가지런히 놓아 주었다.

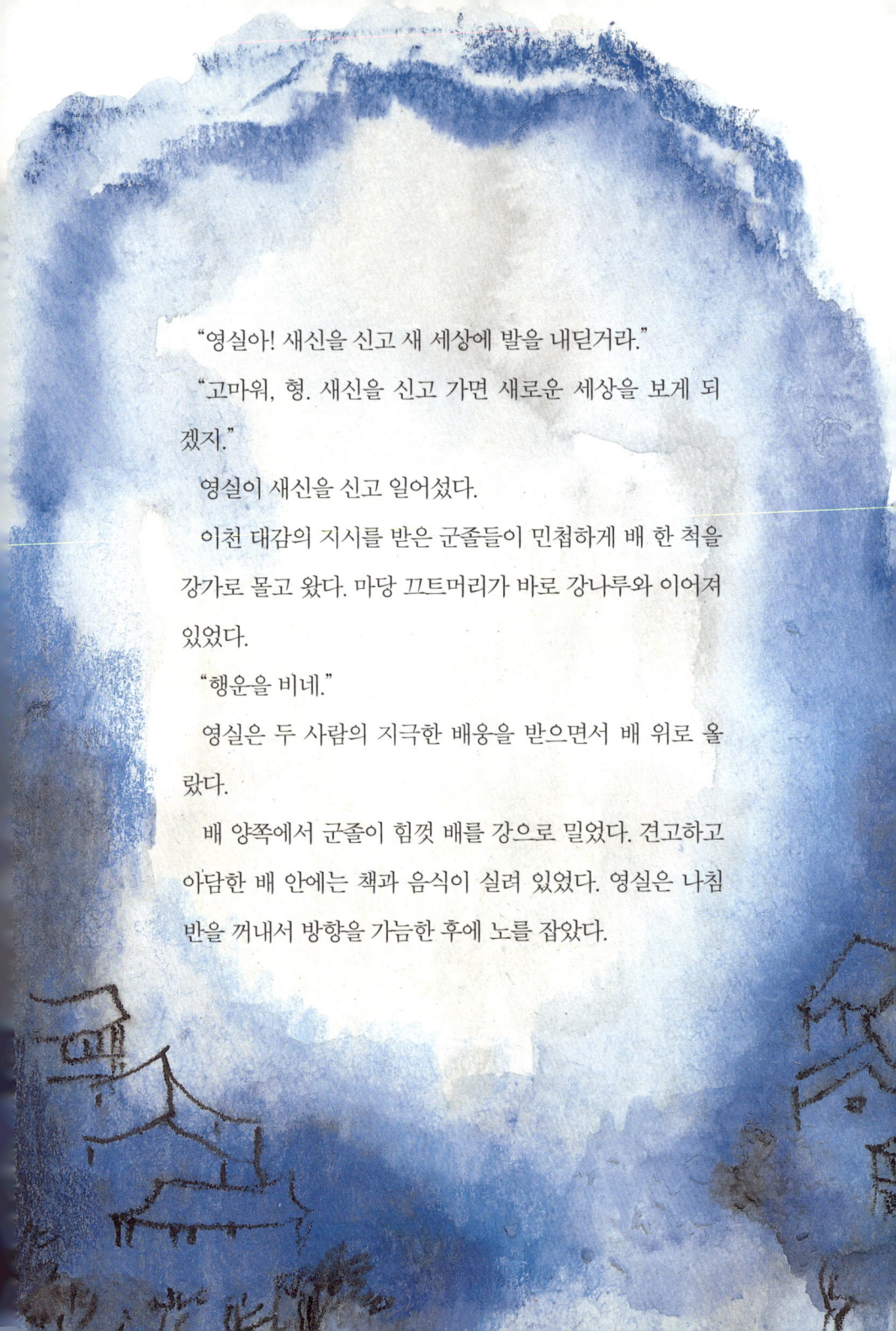

"영실아! 새신을 신고 새 세상에 발을 내딛거라."

"고마워, 형. 새신을 신고 가면 새로운 세상을 보게 되겠지."

영실이 새신을 신고 일어섰다.

이천 대감의 지시를 받은 군졸들이 민첩하게 배 한 척을 강가로 몰고 왔다. 마당 끄트머리가 바로 강나루와 이어져 있었다.

"행운을 비네."

영실은 두 사람의 지극한 배웅을 받으면서 배 위로 올랐다.

배 양쪽에서 군졸이 힘껏 배를 강으로 밀었다. 견고하고 아담한 배 안에는 책과 음식이 실려 있었다. 영실은 나침반을 꺼내서 방향을 가늠한 후에 노를 잡았다.

영실의 갈 길을 안내하려는 듯이 북쪽 하늘에 유난히 밝은 별 하나가 떴다. 영실은 고개를 들어 별과 눈을 맞추었다. 영실을 알아본 별이 강물로 내려와 반짝였다.

앞으로 미끄러져 나가는 뱃전으로 찰싹찰싹 물소리가 음률처럼 들렸다. 물소리는 곧 임금의 음성이 되어 영실의 귓전으로 흘러들었다.

"그대 같은 인재를 보호해 주지 못하는 나약한 군주를 이해하여라. 나라 힘이 약하니 비통할 뿐이구나. 과인은 아직 영실이 자네와 이루고픈 꿈이 남아 있는데……."

야심한 밤에 평복 차림으로 옥사에 찾아온 세종이 말끝을 흐리고 말았다. 조선의 천문 기술이 못마땅한 명나라의 트집도 세종을 힘들게 했다. 세종의 목소리에는 약한 나라의 한이 슬프게 배어 나왔다.

"자격루와 옥루에서도 영실이가 곁에 있다고 여길 것이야. 밤하늘의 북극성을 보면 자네를 만나듯 이야기를 나눌 것이다."

"예! 저도 전하와 한마음으로……."

임금과 신하란 것도 잊고 둘은 눈물로 이별을 하였다.

"전하! 소인도 어디서든 전하와 함께할 것이옵니다. 달과 별처럼 그렇게 말입니다. 미천한 소인을 가까이 두시고 아껴 주신 은혜는 영원히 잊지 않을 것이옵니다. 그리고 전하는 나약하지 않으십니다. 누구보다 백성을 아끼는 위대하신 성군이십니다. 부디, 만수무강하시옵소서."

영실은 하늘을 올려다보았다. 보름달 옆에 별 두 개가 나란히 돋았다.

깊이 보는 역사
과학 이야기

'그래, 지금껏 세상에 없는 그러나 없어서는 안 될 물건, 사람들을 이롭게 하는 새 과학 기물을 만들자. 이천 대감님뿐 아니라, 지금의 임금님도 격물을 높이 여기신다니, 이 두 손으로 뭐든 이룰 것이야!'

수백 명이 자신을 힘들게 한다 해도, 인정해 주고 믿어 주는 한 사람, 이천 대감이 있어 영실은 아무것도 두렵지 않았다.

과학의 시대를 열다
장영실과 이천

조선은 세종 시대에 들어서면서 학문과 제도, 과학과 음악 등 다양한 분야들이 발달했어요. 특히 과학에서 눈부신 업적이 많았어요. 이런 발전이 가능했던 이유는 세종이 각 분야의 일을 가장 잘할 수 있는 사람에게 맡겼기 때문이에요. 또한 장영실과 이천, 그리고 세종의 운명적인 만남이 있었기에 가능했답니다.

당시 장영실은 신분이 낮고 천대받던 노비여서 능력을 발휘하기가 어려웠어요. 하지만 세종은 장영실의 실력을 인정하여 노비의 신분을 풀어 주고 상의원 별좌라는 벼슬까지 주어 능력과 열정을 마음껏 펼칠 수 있도록 했어요. 이천의 과학적 능력을 높이 사서 이천에게 과학 기술을 담당하게도 했지요. 이로 인해 이천은 화포 제작과 금속 활자를 개발하는 등 큰 공을 세웠어요.

자신의 능력을 최대한 발휘하여 결과물을 만들 수 있도록 지원한 세종의 지휘 아래 장영실과 이천은 서로 힘을 모아 뛰어난 발명품을 많이 만들었어요. 그리하여 조선의 과학을 놀라울 정도로 발달시키며 과학의 황금시대를 열어 갔어요.

▲ 나라를 태평성대로 이끈 조선의 4대 임금 세종이에요.

조선 시대 과학의 발달

조선 시대에는 농사가 나라 경제의 바탕이 되는 시기였어요. 하늘의 이치를 살펴 가뭄과 홍수에 대비하면서 농사를 잘 짓는 것이 중요했지요. 백성들의 삶이 풍요롭길 원했던 세종은 농사를 잘 지으려면 계절과 날씨의 변화를 정확하게 알아야 한다고 생각했어요. 이를 위해 해와 달, 비와 바람, 일식과 월식 등 하늘에서 나타나는 모든 변화를 살피는 각종 천문 관측기구를 발명하는 데 힘을 쏟았답니다.

해와 달, 그리고 별을 관찰하기 위해 경복궁 안에 간의대라는 천문대를 설치하고 여러 지역에도 관측기구를 설치하여 천체 운행을 살피기도 했어요. 또 백성들이 지나다니는 혜정교에 해시계인 앙부일구를 설치했지요. 해가 없는 밤에도 물의 흐름으로 시간을 알 수 있는 물시계인 자격루, 비의 양을 재는 측우기, 별들의 움직임을 관찰해 계절의 변화를 알 수 있게 해 주는 혼천의, 해시계와 달시계를 겸한 일성정시의 등의 과학 발명품들을 만들어 백성들이 농사를 짓는 데 도움이 되도록 했어요.

특히 휴대용 해시계인 현주일구는 몸에 지니고 다니면서 시간을 알 수 있어서 군사용으로 아주 유용하게 사용되었어요.

세종 시대에는 선조들이 이룩한 전통문화를 계승하면서도 서역과 중국의 과학 기술을 수용한 덕분에 조선에 맞는 과학 기술을 만들어 한층 발전된 과학기술을 꽃 피울 수 있었답니다.

▶ 조선 시대의 천문대인 간의대에 올려놓은 천체 관측기구인 간의예요.

1. 혼천의

태양과 달, 별들의 움직임을 한눈에 보여 주는 천문 기구로, 중국의 혼천의를 참고하여 이천과 장영실이 만들었어요. 혼천의가 들어 있는 혼천 시계는 우리나라 과학 문화재 가운데 세계에서 가장 널리 알려진 문화유산이에요. 현재 이 혼천의는 만 원권 화폐 뒷면에서도 볼 수 있어요.

▲ 혼천의에서 '혼'은 둥근 공이란 뜻이에요.

2. 앙부일구

앙부는 마치 하늘을 우러러보는 가마솥처럼 생겼다는 뜻이고, 일구는 해의 그림자를 뜻해요. 시계판의 가로선은 절기를, 세로선은 시간을 알려 주지요.

▲ 보물 845호로 지정되어 있는 앙부일구로, 앙부일부라고도 해요.

3. 측우기

1441년에 세계 최초로 만들어졌어요. 측우기는 홍수나 가뭄 같은 자연 재해를 예방하여 농사 짓는 데 큰 도움을 주었어요.

◀ 유럽에서 만든 기상 관측 장치보다 200년이나 빨리 만들어졌어요.

4. 금속 활자

학문이 발전했던 세종 때에 많은 책들이 만들어지면서 활자와 인쇄 기술도 발달하게 되었어요. 세종의 명으로 장영실과 이천, 김돈 등은 구리 활자인 경자자의 결함을 보완한 금속 활자 갑인자를 만들었어요. 갑인자는 글자의 모양이 선명하고 아름다워서 책을 읽기에 좋았고, 인쇄하기도 편리했어요.

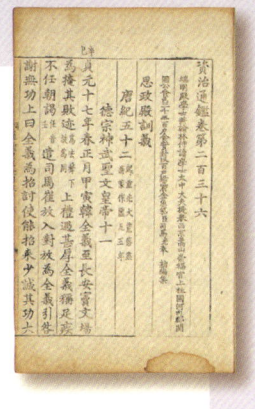
▲ 1434년 갑인년에 만들어진 활자로, 1436년에 찍어 낸 『자치통감』이에요.

5. 자격루

자격루는 1434년 장영실이 만든 자동으로 시간을 알려 주는 물시계예요. 그전까지는 수동 물시계를 사용했었는데 밤에는 사용할 수가 없었고, 사람이 지키고 있다가 종을 쳐야 하는 번거로움도 있었어요. 자동 물시계인 자격루가 완성되자 낮이든 밤이든 비가 오든 흐리든 자동으로 시간을 알려 주어 늘 시간을 알 수 있었지요.

아쉽게도 장영실이 직접 만든 자격루는 남아 있지 않아요. 현재까지 전해 내려오는 기록을 바탕으로 복원한 장영실의 자격루는 국립고궁박물관에 전시되어 있어요.

자격루는 종과 북, 징을 통해 자동으로 시각을 알려 주었으며, 국가의 표준 시계로 활용되었어요.

▶ 자격루의 복원 모형도예요.

우리나라 최초의 자동 물시계, 자격루

조선 시대 최고의 과학 기구인 자격루는 물을 이용한 동아시아 전통의 물시계와 구슬을 이용한 자격 장치가 조합된 '스스로 울리는 물시계'예요. 자격루의 원리는 큰 항아리의 물을 원통형 항아리에 일정한 속도로 흘려보내면 수수호에 물이 높아져요. 수수호 안에 미리 장치해 두었던 잣대가 물 위로 떠오르면서 선반을 건드리게 되지요. 이때 선반 위에 있던 작은 구슬이 떨어져 큰 구슬을 건드리고, 큰 구슬은 나무 인형을 움직여 종을 치게 한

신분의 벽을 넘어선 조선 최고의 발명가, 장영실

조선을 대표하는 과학자이자 발명가였던 장영실은 천대받는 노비 출신이었어요. 그래서 자신의 재능을 펼칠 수가 없었는데 태종 때 실시한 천거법으로 한양까지 올라가게 되었어요. 그 뒤 세종에게 실력을 인정받아 과학 기술에 대해 이야기를 할 수 있는 기회가 생기게 되었지요. 열정이 가득하고 최선을 다하는 장영실을 묵묵히 지원하는 이천의 도움으로 장영실은 중국으로 유학을 가서 과학 기술과 천문 기구들을 익히고 돌아왔어요. 이후 중국에서 배워 온 과학 기술을 바탕으로 연구에 연구를 거듭하면서 자격루를 비롯해 해시계, 금속 활자 등 수많은 발명품을 만들어 내는 등 큰 업적을 이루어 냈답니다. 또한 자격루보다 더 뛰어나고 정교

답니다. 시를 알릴 때는 종을 울리게 하고 경을 알릴 때는 북을 치고, 점을 알릴 때는 징을 쳐 정확한 시간을 알려 주지요.

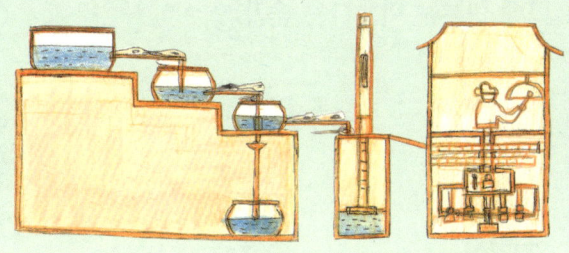

▲ 자격루는 시간 측정 장치(물 항아리와 물받이 통)와 시, 경, 점에 따라 종, 북, 징소리로 바꾸어 주는 자동 시보 장치로 구성되어 있어요.

한 옥루를 만들어 조선 과학의 황금기를 이끌지요. 하지만 자신이 만든 임금의 가마가 부서지면서 장영실은 곤장 80대를 맞고 궁궐에서 쫓겨나게 되어요. 그 뒤 기록은 없지만 조선 최고의 발명가였던 장영실의 업적은 지금까지도 전해 내려온답니다.

뛰어난 장군이자 인쇄술에 뛰어난 과학자, 이천

이천은 세종 때 뛰어난 장군이자 과학자였어요. 장군으로서 튼튼하고 속도가 빠른 배를 만들어 왜구를 소탕하는 등 큰 공을 세우기도 했고, 장영실과 더불어 과학 발전을 이끈 훌륭한 과학자였지요. 리더십이 뛰어났던 이천은 신분이나 나이에 차별을 두지 않고 능력이 뛰어난 인재들을 한데 모아 중요한 임무를 맡기기도 했어요.

특히 화포 제작을 직접 지휘하면서 금속 기술에 조예가 깊었던 이천은 금속 활자인 경자자와 갑인자를 만들어 조선 인쇄술의 발전을 이끌었어요.

또한 간의대를 건설하는 작업을 맡아 장영실을 비롯한 과학자들을 이끌었고, 신분이 낮아 무시당하는 장영실에게 큰 용기를 주면서 자신의 재능을 마음껏 펼칠 수 있게 도와주답니다. 덕분에 장영실과 함께 조선의 과학 기술을 크게 발전시켰어요.

함께 이루는 아름다운 순간

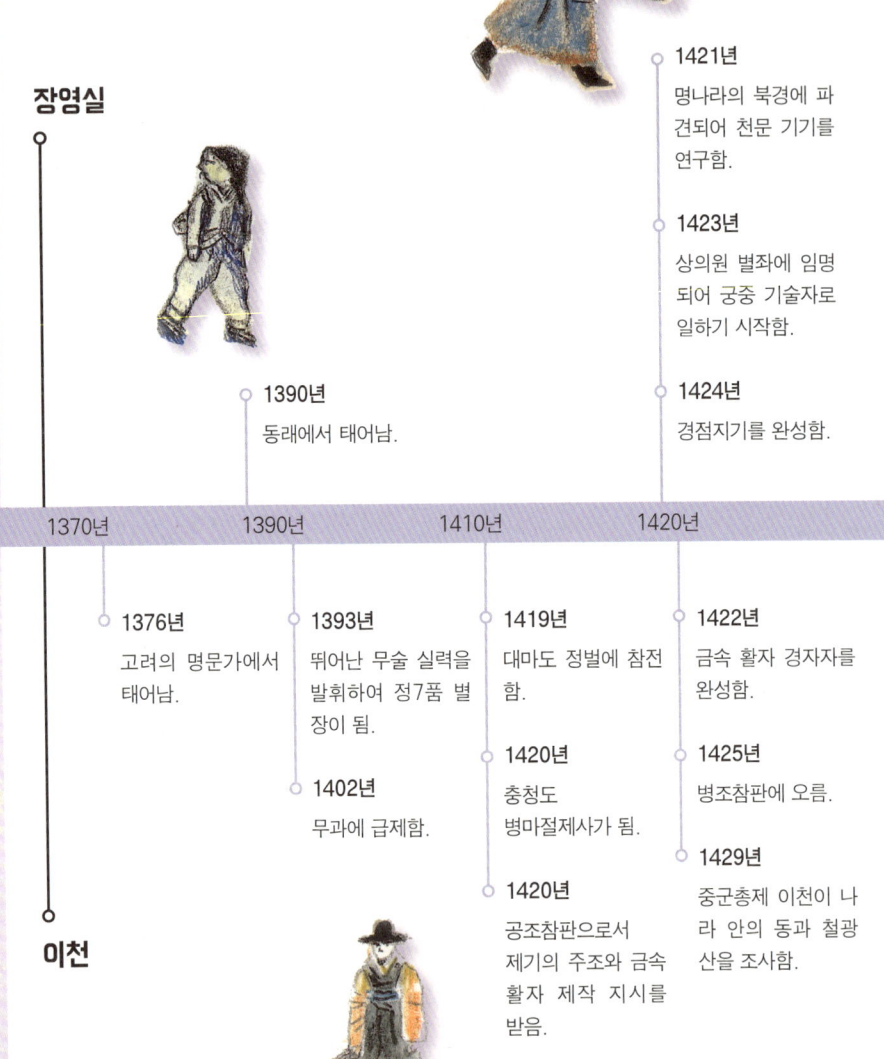

장영실

- **1390년** 동래에서 태어남.
- **1421년** 명나라의 북경에 파견되어 천문 기기를 연구함.
- **1423년** 상의원 별좌에 임명되어 궁중 기술자로 일하기 시작함.
- **1424년** 경점지기를 완성함.
- **1422년** 금속 활자 경자자를 완성함.
- **1425년** 병조참판에 오름.
- **1429년** 중군총제 이천이 나라 안의 동과 철광산을 조사함.

1370년 — 1390년 — 1410년 — 1420년

이천

- **1376년** 고려의 명문가에서 태어남.
- **1393년** 뛰어난 무술 실력을 발휘하여 정7품 별장이 됨.
- **1402년** 무과에 급제함.
- **1419년** 대마도 정벌에 참전함.
- **1420년** 충청도 병마절제사가 됨.
- **1420년** 공조참판으로서 제기의 주조와 금속 활자 제작 지시를 받음.

1432년
이천을 도와 간의대 만드는 일에 참여함.

1433년
자격루를 완성하고 그 공로로 호군에 임명됨.

1434년
경회루 근처에 자격루를 설치함.
세종의 명을 받아 갑인자 만드는 일에 참여함.

1438년
각종 천문 관측기구를 만드는 데 힘씀.
그 공으로 대호군에 오름.

1442년
임금의 가마가 부서지는 사고로 궁궐에서 쫓겨남.

1442년
흔적 없이 사라짐.

1430년   1440년   1450년

1432년
지중추원사 겸 상의원 제조로 임명됨.
총감독으로 수많은 관측기구를 제작함.

1434년
경자자보다 더 아름다운 갑인자를 개발함.

1437년
평안도 도절제사에 오름.

1451년
세상을 떠남.
문종이 익양공(翼襄公)이란 시호를 내림.

 작가의 말

"와, 이런 물건을 어떻게 만들었을까?"
"장영실은 도대체 어떤 사람이지?"
'장영실 과학 동산'에서 어린 친구들이 주고받는 말이었어요.
과학 기기 모형마다 자세히 설명을 적어 두었고 장영실의 동상도 우뚝 서 있는데 말이에요.
어린 친구들 말 속에서 '어떻게? 어떤'이란, 보이지 않는 그 너머의 이야기가 궁금하다는 걸 눈치챘지요.
어른인 나도 궁금증이 슬슬 피어올랐어요.
장영실은 조선 초기의 과학자로 세월 저편의 옛사람이지요. 그 시절의 장영실을 상상해 보다가 그의 삶을 그려 보고 싶었어요. 이미 장영실과 과학을 다룬 책이 많지만, 나는 장영실은 누구와 고민을 나누고 보람을 함께 기뻐했을까, 그 점에 관심이 갔어요.
'어떻게, 어떤'을 따라 장영실을 만나고 보니, 또 다른 위대한 인물들이 장영실과 나란히 그 시대를 살고 있었어요. 바로 이천과 세종 대왕이었지요.
이들의 만남에는 이 세상의 그 무엇과도 바꿀 수 없는 '믿음'과 '신뢰'가 있었어요. 장영실이 아무리 뛰어난 재능을 지녔더라도 전폭적으로 믿고 지지해 주는 이천과 세종 대왕이 없었더라면 마음 놓고 무엇이든 만들어 내지는 못했을 거예요. 조선 시대에는 신분 제도가 매우 엄격해서 사람을 신분으로 판단하고 규제했거든요.

오늘날 우리의 반도체 기술을 비롯한 우수한 과학 발전은 장영실을 조상으로 둔 덕분이 아닐까 싶어요. 서양의 에디슨보다 훨씬 이전에, 여러 발명품을 만들어 낸 과학자 장영실이 자랑스럽지요?

조선의 과학 기술은 이미 15세기에 그 초석이 마련되었다고 해요. 전 세계가 이룬 과학 업적을 기록한 『과학 기술사 사전』에 의하면 15세기 세계 최고의 과학 국가는 조선이었대요.

여러분도 앞으로 이뤄질 아름다운 만남을 기대해 봐요. 서로 손잡고 믿어 주는 그런 사람과 함께하기를 소망합니다.

—정유년, 닭띠 해에
윤자명

참고한 책

『장영실을 불러라』, 부산과학협의회, 2010
『조선 과학 실록』, 이성규, 맞닿음, 2014
『한국 과학기술 인물12인』, 공동집필, 해나무, 2005
『부산의 과학자 장영실』, 손동운, 부산 과학기술 협의회, 2006
『장영실과 자격루』, 남문현, 서울대학교 출판부, 2002
『3일 만에 읽는 OK 한국사』, 장지연, 미네르바, 2007
『조선의 과학기술』, 박상표, 현암사, 2008
『조선과학인물열전』, 김호, 휴머니스트, 2003
『서울 2천년사 19』, 서울특별시 시사 편찬위원회, 2014
『조선시대 일식도』, 공동집필, 한국학술정보, 2011
『장영실은 하늘을 보았다』, 김종록, 랜덤하우스 중앙, 2005
『소설 장영실』, 김미숙, 시나리오 친구들, 2008

*이 책에 실린 사진은 소장하고 있는 곳과 저작권자의 허락을 받아 게재했습니다. 저작권자를 찾지 못하여 게재 허락을 받지 못한 사진에 대해서는 확인되는 대로 허락을 받도록 하겠습니다.

토토 역사 속의 만남

하늘을 품은 소년

1판 1쇄 2017년 7월 19일
1판 3쇄 2025년 2월 20일

글 윤자명 | 그림 허구
펴낸이 이재일

기획·편집 박설아
제작·마케팅 강지연, 강백산
디자인 나무디자인 정계수

펴낸곳 토토북
주소 04034 서울시 마포구 잔다리로7길 19, 명보빌딩 3층
전화 02-332-6255 | 팩스 02-6919-2854
홈페이지 www.totobook.com | 전자우편 totobooks@hanmail.net | 인스타그램 totobook_tam
출판등록 2002년 5월 30일 제2002-000172호
ISBN 978-89-6496-343-2 74810
　　　978-89-6496-266-4 (세트)

ⓒ 윤자명, 허구 2017

이 책은 저작권법에 의해 보호를 받는 저작물이므로 무단 전재 및 무단 복제를 금합니다.
잘못된 책은 구입하신 곳에서 바꾸어 드립니다.

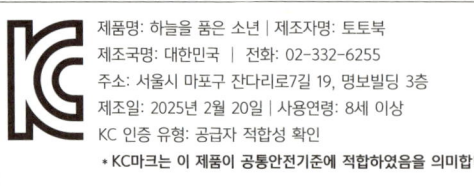